夏 鹏◎著

YANTI BIANPO MAOGU JIEGOU TIXI
ANQUANXING PINGJIA ZHIBIAO TIXI YANJIU

岩体边坡

锚固结构体系
安全性评价指标体系研究

吉林大学出版社

·长春·

图书在版编目（ＣＩＰ）数据

岩体边坡锚固结构体系安全性评价指标体系研究 /
夏鹏著 . -- 长春 : 吉林大学出版社 , 2024. 7. -- ISBN
978-7-5768-3413-0

Ⅰ . U416.1

中国国家版本馆 CIP 数据核字第 2024Z0N413 号

书　　　名：岩体边坡锚固结构体系安全性评价指标体系研究
　　　　　　YANTI BIANPO MAOGU JIEGOU TIXI ANQUANXING
　　　　　　PINGJIA ZHIBIAO TIXI YANJIU

作　　者：夏　鹏　著
策划编辑：李伟华
责任编辑：卢　婵
责任校对：单海霞
装帧设计：中北传媒
出版发行：吉林大学出版社
社　　址：长春市人民大街 4059 号
邮政编码：130021
发行电话：0431-89580036/58
网　　址：http://www.jlup.com.cn
电子邮箱：jldxcbs@sina.com
印　　刷：三河市龙大印装有限公司
开　　本：787 mm×1092 mm　　1/16
印　　张：11
字　　数：180 千字
版　　次：2025 年 3 月　第 1 版
印　　次：2025 年 3 月　第 1 次
书　　号：ISBN 978-7-5768-3413-0
定　　价：66.00 元

前言
PREFACE

　　锚索（杆）已经成为我国水利水电工程高边坡、地下硐室和结构加固的主要手段，三峡、向家坝、溪洛渡、白鹤滩和乌东德水电站主体工程累计使用锚索约 8.57 万束、锚杆约 957 万根。由锚索（杆）和岩体边坡组成的岩体边坡锚固结构体系的安全不仅直接影响电站运行安全，而且关系着现场工作人员及水电站附近居民的生命安全。开展岩体边坡锚固结构系统安全性评价研究有着重大意义。

　　本书以锚固结构与岩体边坡组成的岩体边坡锚固结构体系作为研究对象，通过现场调研，总结了岩体边坡锚固结构体系的特征。此外基于现场监测数据、勘察和设计资料、现场和室内试验，通过数值模拟、层次分析和统计分析等方法研究了岩体边坡锚固结构体系长期安全性影响因素、多因素对于岩体边坡锚固结构体系长期安全性的影响规律，构建了锚固结构体系长期安全性评价的指标体系。

本书总结了岩体边坡锚固结构体系的特征。通过现场调研和资料收集对 4 个典型水电工程岩体边坡锚固结构体系的特征进行了分析总结。对锚固结构的种类和失效形式进行了总结。将岩体边坡分为 3 种类型——块状结构岩体边坡、层状结构岩体边坡和碎裂状岩体边坡，4 种失稳模式——崩塌脱落破坏模式、弯曲倾倒破坏模式、平面滑动破坏模式和楔形体破坏模式。

岩体边坡锚固结构体系的安全性并非受到单一因素的影响，它是受到多因素的共同作用，因此分析多因素对于岩体边坡锚固结构体系安全性的影响规律是非常必要的。本书基于数值模拟和现场试验研究了多因素对于锚固岩体边坡稳定性的影响规律，多因素对于锚固岩体边坡稳定性的影响呈现出非线性特征，大部分呈现出指数函数形式的规律。除了安全性影响因素及影响规律，在进行岩体边坡锚固结构体系安全性评价时，还需要一个科学且全面的安全性评价指标体系，基于锚固结构特征和多因素对于岩体边坡锚固结构体系安全性的影响规律，本书构建了岩体边坡锚固结构体系安全性评价指标体系。基于既有文献和规范等研究成果结合定性分析，提出了涉及边坡几何条件、水文气象条件、偶然因素、岩体条件和锚固结构参数 5 个方面的 24 个因素作为岩体边坡锚固结构体系安全性评价指标。结合岩体边坡的 4 种破坏模式，构建了 4 种岩体边坡锚固结构体系长期安全性评价指标层次分析结构。提出了一种基于锚固岩体边坡稳定性系数影响规律的连续型变量分级标准确定方法，确定了指标的分级标准。将指标的层次分析结构和分级标准相结合构建了岩体边坡锚固结构体系安全性评价的指标体系。

本书总结了岩体边坡锚固结构体系的特征，研究了岩体边坡锚固结构体系长期安全性影响因素，分析了多因素对于岩体边坡锚固结构体系长期安全性的影响规律，构建了岩体边坡锚固结构体系长期安全性评价的指标体系。可以为岩体边坡锚固结构体系安全性评价指标体系研究提供新的研究思路和方法，为从事岩体边坡和锚固结构安全性评价方面的科研工作者提供参考。

夏　鹏

2024 年 7 月 1 日

目录

第1章 绪 论

 1.1 研究的来源、目的和意义

　　岩土锚固是岩土工程领域的重要分支。在岩土工程中采用锚固技术，能充分发挥岩土工程的自身强度来提高岩土体的自稳能力。此外锚固技术还可以显著缩小结构物体积和减轻结构的自重，有效控制岩土工程的变形。在加固岩土结构、解决岩土工程复杂问题上具有明显的优势和效果（程良奎，2005；唐均，2011；朱杰兵 等，2002），因此被广泛应用于各种工程领域（赵长海，2001；T.H. 汉纳，1987；程良奎 等，2003）。锚索于20世纪70年代后期引入我国，从最初引入应用到如今，锚固结构的数量已经数以亿计，应用数量已跃居世界前列（曾宪明 等，2004）。

　　伴随着锚索的大量使用，锚索失效的案例也大量发生。国外应用预应力锚固结构较早，使用历史较久，因此发现的锚固失效案例较多。国际预应力协会（International Federation of Prestressing，FIP）曾专门对比较重大的锚固失效案例进行过收集，共收集到35例预应力锚杆（索）腐蚀破坏的实例（曾宪明 等，2004）。法国的大坝，高吨位的预应力锚索仅仅使用了几个月就发生了断裂（Jungwirth，1995）。美国的一个单排锚索加固的挡土墙结构，在5 a 左右的时间内，先后有数根锚索发生断裂（杨启贵 等，2007）。瑞典北部的 Grundfors 水电站，1995 年施工了 118 根预应力锚杆，运行不到三十年的时间，就有一根预应力锚杆的杆体发生断裂，从锚孔高速射出而失效（Jurell，1985）。澳大利亚的 Bruce 等人（1985）在对 9 个煤矿的 50 多根失效锚杆做了系统的试验研究后，得出了应力腐蚀开裂导致岩锚过早失效破坏的结论。A.Coyne 于 1933—1934 年在为加固舍尔法大坝所设计的 34 根 10 000 kN 级预应力锚索中采用了防腐技术措施，但在 20 年后对该坝进行检查时发现预应力损失已达 9%（张誉 等，2003）。法国的 Cheurfas 大坝在 20 年后对所设计的34 根高应力锚索进行预应力检查，发现锚索预应力损失已接近 10% 并且锚头有较大松弛（黎慧珊，2017）。英国普利茅斯的一家造船厂对在海水环境中工作了近 22 年的干船坞锚固件的工作性能进行了测试，结果显示大多数锚杆出现了严重的性能恶化和工程病害（程良奎 等，2008）。巴基斯坦一个蓄能池工程曾发生锚索自由段轻脆断裂，致使外锚头凌空飞起，险些造成事故。英国南威尔斯 Afan 河上单跨后张拉预应力混凝土桥由于桥面上的除冰盐沿着各纵梁接缝处的渗入，使后张拉预应力筋遭受了严重的腐蚀而导致了整座桥的倒塌（张志亮，2008）。

虽然锚杆技术在我国的应用较晚，但也发现了锚杆失效的实例。济南黄河大桥主跨锚索，采用铅皮套管压注水泥浆进行防腐，但在使用 15 年后由于腐蚀被迫换索。广州海印桥采用 PE 管压浆防腐工艺，锚索于 1997 年发生断索事故，经检测证实是由应力腐蚀引起，因此仅使用 12 年后就进行了全面换索。京珠高速粤境南段通车 2 年后有两处边坡因锚固失效导致边坡滑塌失稳（李英勇，2008）。石太高速客运专线锚索失效边坡失稳（王清标，2016）。安徽梅山水库的预应力锚索在使用 6～8 年，发现有 3 根锚索的部分钢绞线因应力腐蚀而断裂。我国某铜矿区使用的锚杆采用了普通硫酸盐水泥砂浆灌注，2 年后水泥砂浆即变得松散破碎，是锚固结构所处环境恶劣导致腐蚀（曾宪

明 等，2004）。据文献（贾明魁，2005）统计，我国多个大型矿区发生了锚杆支护煤巷冒顶事故，该类事故伤亡次数与二级以上非伤亡事故数的比例高达 1：19.3。2017 年 11 月 4 日，淮南矿业集团有限公司潘三矿综采三队 1632（3）工作面轨道巷发生锚索断裂事故，导致 1 人死亡，破坏了矿井的安全生产，并产生了较坏的社会影响（李志兵 等，2020）。晋煤集团寺河煤矿 2017 年由于锚固支护失效发生了一起冒顶事故（孙志勇 等，2019）。

大量的预应力锚固工程实际破坏案例表明：

第一，预应力锚固工程并非"一劳永逸"，它的力学稳定性和化学稳定性是变化的，必须考虑它的长期安全性。

第二，相比地上结构，岩土工程中的锚固结构有时所处环境更为恶劣，更易发生腐蚀致使预应力锚固结构损伤失效，因此锚固结构的安全性更需予以重视和深入研究。

第三，锚固工程的工作状态直接关系着岩土工程的稳定，边坡的锚固结构发生失效破坏将会威胁锚固岩体的整体安全，引起边坡变形加剧、隧道围岩松动、基坑位移过大、坝基出现裂缝等不良工程现象。

鉴于此，针对岩体边坡锚固结构体系，构建其安全性评价指标体系有着重要意义。本书以锚固结构与岩体边坡组成的岩体边坡锚固结构体系作为研究对象，基于现场监测数据、勘察和设计资料、现场和室内试验，通过统计分析、数值模拟法等方法研究了岩体边坡锚固结构体系的特征、多因素对于岩体边坡锚固结构体系长期安全性的影响规律，构建了锚固结构体系长期安全性评价的指标体系，最后将该安全性评价指标体系应用于西南地区某水电站岩体边坡锚固结构体系工程实例。研究成果能够为岩体边坡锚固结构体系的安全性状态的判断提供支持。

1.2 国内外研究现状

随着锚固结构在岩体边坡工程中的广泛使用，国内外学者对锚固结构和岩体边坡开展了丰富的研究，本书从预应力锚固理论研究、岩体边坡坡体结构特征研究和岩体边坡锚固结构体系安全性影响因素研究三个方面对既有研究进行了分析总结。

1.2.1 预应力锚固理论研究

1. 加固机理研究

预应力锚固结构在不同的工程中起到的加固作用是不一样的，所以对锚固结构的加固机理尚未形成统一认识。预应力锚固作用主要表现为可以为岩土体主动提供支护力，从而改善岩土体的应力状态，可以有效提高结构面的抗剪强度，使得被锚固的岩土体与锚固结构形成一个整体。与原来的岩土体相比抵抗破坏的能力得到显著提升。目前预应力加固机理研究主要有如下理论。

Oreste 等（1997）提出了加固理论，认为由于预应力锚杆对围岩体施加了预应力增加了围岩体所承受的围压，使得岩土体进入三轴受力状态，从而使剪应力减小。与此同时预应力的施加不仅保持了岩土体的固有强度，控制了岩体强度恶化，可以充分发挥岩土体自身的承载力，还可以有效控制围岩破碎区、塑性区的发展，进而提高了围岩的稳定性。国内学者赖应得等（1994）也对该理论进行了深入的研究。他认为锚固支护结构与围岩一起发生相互作用和协调变形，在这个过程中杆体材料与岩土体之间存在能量交换，可以充分利用锚固支护结构的这个特点，使支护结构自动调整能量。王思敬等（1987）院士提出了突破点理论，该理论认为岩土体整体破坏之前总是从一处或几处最先发生破坏，这些成为整个破坏发生的突破点。这些突破点又会影响它邻近的岩体产生新的破坏形成新突破点，由此不断发展最后引起整体的失稳破坏。预应力锚固结构可以通过施加预应力充分发挥岩体的自支撑能力，及时消除或者控制突破点，防止岩体失稳破坏的发生。

Freeman（1978）于 1978 年提出了全长黏结锚固的中性点理论。东北大学王明恕等（1983）也提出了类似的中性点理论。该理论认为在同一个锚杆上剪应力的方向发生了变化，因此，必然存在一个剪应力为零的点，这个点就被称为"中性点"。该点剪应力最小，从中性点开始向两端剪应力逐渐增大。中国矿业大学董方庭等（1994）提出了松动圈支护理论，该理论认为：由于地下工程的开展，使得原有的应力平衡状态被打破，地应力大于围岩的强度使得围岩发生破坏，而且这种破坏将逐渐向围岩深部发展，最终会在围岩的一定深度范围内形成一个破裂带，被称为围岩松动圈。孙学毅（2004）提出了"岩壳效应机理"，在群锚加固的岩体表面，锚固墩附近会形成一个倒喇叭形状的压应力区，因为是群锚加固，就会在岩体表面形成无数个倒喇叭管状的压应力区，在岩土体的表层形成连续的不均匀分布压应力场。这些连续的压应力场相比于整个岩土体的厚度而言是非常薄的，因此被称为"岩壳效应"。增韧止裂机理（李宁 等，1997），因为预应力的存在，使得岩体中原来存在的初始裂隙再次闭合，裂缝尖端的应力集中得到了缓解。通过Griffith 理论对岩桥的抗剪能力进行分析，可知预应力的施加有效提高了岩体的抗剪能力，还使得加固区的节理闭合连通率降低，从而提高了节理岩体的抗剪强度。侯朝炯等（2000）在分析已有成果的基础上提出了围岩强度强化理论，认为锚杆和围岩相互作用形成了联合承载的加固围岩。锚杆的加入可以有效提高围岩的力学性能，使得峰值强度和峰后强度、残余强度均能得到提高（勾攀峰 等，2000）。Rabcewicz（1973）和 Lang 等（1984）为代表的支撑理论认为锚杆能限制、约束围岩土体变形，并向围岩土体施加压力，从而使处于二维应力状态的地层外表面岩土体保持三维应力状态，在圆形硐室中形成承载环，在拱形硐室中形成承载拱，因而能制止围岩土体强度的恶化。除此之外还有一些常见的理论（张乐文 等，2002）如悬吊理论、组合梁理论和销钉理论等。

2. 加固效果研究

目前使用到的加固机理理论，反映了在一些特定的岩体条件和锚固形式下锚杆的加固作用。近些年来许多研究人员通过室内模型试验、数值模拟、现场试验、理论分析等多种手段对锚固工程的加固效果进行了深入且细致的研究。

预应力锚固结构加固的边坡，主要是锚固结构对边坡施加的主动压力可以有效地提高边坡的力学性质，进而有效地改善边坡的稳定性（佴磊 等，2010），体现在抵抗滑体的下滑力和增大正压力从而增加摩擦力两个方面。王恭先等（2004）认为预应力锚索属于主动加固结构，给滑坡体施加了抗力阻止其下滑，提高了边坡稳定性。王恭先等（2016）认为预应力锚索将锚固段设置在稳定的地层中，通过地表的反力装置（桩、框架、地梁或锚墩）将滑坡体的下滑力传入稳定的地层从而提高整个滑坡的稳定性。

朱维申等（2001）通过室内相似材料的模型试验，研究了在不同的布锚参数下三峡船闸高边坡节理岩体的力学性质的变化规律。张波等（2014）使用相似材料模拟含交叉裂隙岩体试件并且进行加锚和无锚固的对比，从锚固位置、主次裂隙之间角度、锚杆与加载方向间的角度等方面研究了交叉裂隙节理对锚固效应的影响。种照辉等（2017）基于数字图像相关（digital image correlation，DIC）试验技术和离散元（discrete element method，DEM）数值模拟方法，对裂隙岩体试样的锚固效果进行测试。从细观层面定量分析了加载过程中未锚固和锚固岩体的裂隙变化特征。Grasselli（2005）开展了锚杆锚固效应的物理模型试验和数值模拟研究，研究了不同锚杆类型对于锚固效果的影响。Haas（1976）采用全尺寸锚杆和大型剪切试验设备进行试验，研究了锚杆在沿预先存在的裂隙面或滑移面进行剪切时的抵抗效应。Yoshinaka

等（1987）通过节理模型试验结合数值模拟研究，提出了一种表达锚杆在节理岩体中的加固效果的力学模型。K.Spang 和 P.Egger（1990）进行实验室和现场试验，研究全黏结、无张拉锚杆在层状或节理岩体中的作用模式。Bezuijen（2010）通过模型试验研究了灌浆体的形状受到灌浆性质、砂的密度和管道的安装方式的影响。建立了分析模型，说明了各参数对于灌浆体形状的影响。Tan（2016）提出了基于有限差分法的圆孔周围被动锚杆加固问题的求解方法。结合经典的收敛约束方法，给出了地基和被动锚杆响应的框架。通过参数研究阐明了锚杆的加固机理。Teng 等（2018）通过物理模型试验和 CT 扫描试验，分析了系统锚栓和钢管在层状岩体中的锚固机理。

Su 等（2017）建立了一套反映断层破裂带自然形成过程的裂隙岩体室内模拟方法，分析了锚杆对断层裂隙岩体的支护效果及单轴压缩过程中锚杆轴力演化过程。Bai 等（2021）结合光纤光栅传感技术，对玻璃纤维增强聚合物（glass fiber reinforced plastic，GFRP）抗浮锚和钢抗浮锚进行了现场破坏试验，研究了其锚固性能及与混凝土板的黏结特性，建立了不同形式的 GFRP 抗浮锚杆滑移关系上升段的本构模型。Zhao 等（2018）研究了西部矿区复合软顶板的加固效果，建立了考虑不同岩层间横向剪切滑动的弱界面－锚杆复合软岩力学模型。他们基于复合材料结构受力的变形关系和均质分布假设，推导出了锚固效应的演化方程。陈安敏等（2000）通过模型试验探讨了预应力锚索对块状岩体的加固效应。葛修润等（1988）通过室内模拟试验和理论分析，探讨了锚杆对节理面抗剪效果的影响，以及杆体阻止节理面发生相对错动的"销钉"作用机制，改进了加锚节理面抗剪强度的估算公式。吴德海等（2003）通过室内模型试验研究锚杆加固后的碎裂结构岩体，通过改变布锚方式观察模型试件强度的变化情况，从而得到锚杆锚固碎裂结构岩体模型的强度变形特征。

1.2.2　岩体边坡坡体结构特征研究

坡体结构的提出是为了对具体的岩体边坡工程进行分析（杨涛 等，2007；王恭先，2005）。周德培等（2008）对坡体结构和岩体结构的不同进行了对比研究，并对坡体结构进行了分类，基于坡体结构提出了一种岩体边坡稳定性评价方法。朱虹宇（2008）对层状岩体边坡进行了深入研究，通过层状结构面与坡面之间不同的关系将其细分为层状同向结构、层状反向结构、层状斜向结构和层状平叠结构四种坡体结构。钟卫（2009）完善了坡体结构的概念，提出了坡体结构的分类方法，基于坡体结构的分类可以进行岩体边坡的失稳破坏模式判断和稳定性分析。王云（2012）提出了坡体结构特征的分析方法，基于边坡地质特征以及主要影响因素，建立了坡体地质结构模型，分析边坡的变形破坏过程。韩光（2017）对岩体边坡的破坏模式和划分依据进行了总结分析。他采用 AHP 层次分析原理和模糊评价原理，建立了边坡岩质质量分级的层次结构模型，获得了能表征边坡岩体物理力学特性的参数。陈鹏宇（2015）总结了岩体高边坡的坡体结构类型和破坏模式，建立了坡体结构特征分析方法。他结合工程实例分析了岩体高边坡的地质环境条件和岩体高边坡的破坏特征，总结了岩体高边坡危岩崩塌类型，建立了用于危岩变形预测的一种新的灰色模型。贺传仁（2013）分析总结了岩体高边坡的结构组成、变形破坏模式、岩坡稳定性的影响因素和常用分析方法，应用有限元分析法结合强度折减理论对所建岩体高边坡模型进行了分析计算。高边坡坡体结构及失稳破坏模式汇总表如表 1.1 所示。

宋胜武等（2013）对现有的边坡分类方式进行了总结，构建了水电工程边坡的分类体系框架，提出了边坡分级表、峻坡与悬坡、高边坡与超高边坡的分界线，以及环境边坡按危险源的分类方法。其认为采用坡体结构进行分类，能揭示边坡变形破坏的边界条件和失稳模式。郝立新等（2014）论述了岩体边坡坡体结构的概念和建立方法，根据西南地区大量的工程实例，将高边坡的坡体结构划分为 6 个基本类型及 7 个亚类型，基于该坡体结构分类体系，构建了坡体结构与破坏模式的对应关系如表 1.2 所示。

表1.1　高边坡的坡体结构及失稳破坏模式（周德培 等，2008）

坡体结构	基本特征	破坏模式
陡倾层状坡体结构	断层带附近岩体破碎，斜坡高陡，在河流下切过程中产生大型错落，前部切坡后产生坍塌	严重弯曲变形的岩体沿陡倾层发生错落破坏
顺倾层状坡体结构	由软硬相间、互层或间层状的砂泥岩或其他岩类组成，岩层倾向临空，倾角一般为 10°～30°	多层多级的顺层岩石滑坡
反倾层状坡体结构	由软硬相间、互层或间层状的砂泥岩或其他岩类组成，岩层倾向临空，倾角一般为 10°～30°	错落、崩塌
顺倾似层状坡体结构	整体块状岩浆岩中发育一组极贯通的节理面将岩体切割成厚度不等的层状，节理面倾向临空，倾角为 35°～45°	平面型块体滑动
松散破碎状坡体结构	侵蚀基准面或开挖面以上，坡体岩土由巨厚的崩坡积块碎石土如岩堆体、沟口洪积锥，或大型断裂带（地震带）中破碎岩体组成，结构松散	大型崩塌、坍塌
块状坡体结构	边坡岩体较完整，主要结构面一般发育 2～3 组，间距 50～100 cm，结构面所切割的岩体多呈长方体、立方体、菱形体或多角柱体，结构面有的呈刚性接触，有的为软弱结构面	局部楔形体滑动或局部块体崩塌

表1.2　坡体结构与破坏模式对应关系表（郝立新 等，2014）

坡体结构类型		破坏模式类型
滑面控制式		边坡沿已有滑面失稳下滑
软弱带控制式		破坏模式受断层（软弱带）控制、失稳块体沿断层发育
软硬交替式	纵向交替式横向交替式	破坏面沿软弱交替的岩体界面发生
层　状	顺倾层状反倾层状陡倾层状	较大范围的顺层滑坡陡倾岩层易倾倒，或局部崩塌较大范围的倾倒，或板裂，溃曲性滑动，或局部崩塌
节理控制式		破坏模式受控于结构面，组合形成滑块，或追踪节理形成阶梯状滑面
类均质式	完整型松散型	稳定性好旋转型滑动、坍塌

宋胜武等（2011）对水电站岩石边坡实例进行总结，提出了一种基于稳定性评价的岩体边坡坡体结构分类体系。将岩体边坡的坡体结构划分为：层状坡体结构、中陡裂控制坡体结构、楔形坡体结构和均质坡体结构4个大类9个亚类。陈祖煜等（1999）总结了我国水电岩质高边坡的失稳机理和分析方法，认为岩体结构是决定岩体边坡稳定性和失稳模式最重要的因素。他对我国水电岩体边坡的加固工程进行了总结分析，岩体边坡破坏模式包括滑动、楔体失稳、倾倒等。

相关规范基于坡体特征和变形破坏特征对岩体边坡进行了分类。《水力发电工程地质勘察规范》（GB 50287—2016）（中华人民共和国住房和城乡建设部，2016）根据变形破坏特征，将边坡分为：崩塌、滑动（平面型、折面型、弧面型、楔形体）、蠕变（倾倒、溃屈、张裂）和流动等4大类9亚类。电力行业标准《水电工程边坡工程地质勘察规程》（NB/T 10513—2021）（国家能源局，2021）规定边坡一般性分类，按与工程关系、岩性、边坡坡度、高度进行分类，对于岩质边坡，按岩体结构进行细分，将边坡变形破坏分成：崩塌、滑动、倾倒、溃屈、拉裂和流动等6类。《水利水电工程边坡设计规范》（SL 386—2007）（中华人民共和国水利部，2007）根据可能的失稳模式，将岩体边坡分为：块体结构边坡、层状结构边坡（层状同向、反向、横向、斜向和平叠）、碎裂结构边坡（镶嵌碎裂结构、碎裂结构）和散体结构边坡等4个类型9个亚类。根据边坡失稳特性和破坏机制分为：崩塌、滑动、弯曲倾倒、溃屈、拉裂和流动等6类。

1.2.3 岩体边坡锚固结构体系长期安全性影响因素研究

1. 锚固结构安全性影响因素及影响规律

1）安全性影响因素

俞强山（2019）基于预应力锚固结构的破坏类型分析，选择了当前预应力水平、锈蚀程度、反力结构、锚头工作状况、锚固性能合格率和锚索失效比例这五个因素作为锚固结构安全性的主要影响因素。程伟健等（2021）选择环境因素包含地下水、pH、温度和氧气，锚固结构材料和现场施工因素作为影响预应力锚固结构服役性能的主要因素。王金超（2013）基于工程实例调研，选择了温度、湿度、杂散电流、pH 和预应力作为主要影响因素来评价锚固结构体系的安全性。李英勇（2008）研究了杆体材料和内锚固段的应力腐蚀以及疲劳破坏对于锚固结构安全性的影响。认为正常使用条件下的预应力锚固结构使用寿命一般是由杆体材料应力腐蚀寿命所决定的。Li 等（2016）通过试验比较了玻璃纤维锚杆、锚杆（钢筋锚杆）和锚索对锚固混凝土表面抗剪强度的贡献，以及锚杆的破坏模式。结果表明：玻璃纤维锚杆加固节理的剪切刚度从开始到结束表现出逐渐减小的趋势，而锚杆和锚索加固节理的剪切刚度呈双线性减小。Kim 等（2018）研究综合考虑岩石类型、含水条件、锚杆类型和锚杆长度等影响因素对抗拔力的影响，结果表明：在含水岩石中，全注浆锚杆（fully grouted rock bolt，FGR）不能提供所需的抗拔力，而在含水条件下，充气钢管锚杆（inflated steel tube rock bolt，ISR）安装后立即能满足要求的抗拔力。Wu 等（2019）通过室内剪切试验，研究了锚杆岩石节理在循环加载条件下的剪切性能。结果表明：循环剪切载荷对岩石节理中锚杆的剪切性能影响很大。

2）安全性影响规律

余红发等（2002A；2002B；2002C）基于氯离子结合能力，研究了氯离子的扩散、温度和结构内部的缺陷对混凝土结构寿命的影响规律。徐力等（2002）通过碳化原理、碳化深度的计算方法，分析了碳化作用对预应力锚固结构寿命的影响规律。李英勇等（2012）基于室内试验研究了锚固结构的应力腐蚀规律，以应力腐蚀规律的屈服时间作为锚固结构的服务寿命，得到了应力腐蚀对锚固结构安全性的影响规律。Maaddawy 等（2007）通过法拉第定律得到了电化学指标对于锚杆长期安全性的影响规律，得到了考虑电化学特征的锚杆寿命预测模型。张未林（2017）基于离散元数值分析软件 PFC2D 研究了注浆体强度、围岩体强度和锚固长度对于锚固结构体系承载力的影响规律，建立了这些因素对于锚固结构体系承载力的影响规律的数学模型。

3）锚固结构耐久性

Wang 等（2019）使用自主研发的锚杆应力腐蚀设备，研究灌浆岩石锚杆的应力腐蚀效果，详细分析了锚杆的腐蚀过程，讨论了工作应力、腐蚀时间、腐蚀溶液浓度对灌浆锚杆黏结强度的影响。赵健等（2006）对一批已经在役 17 年的缩尺锚杆开挖取样，进行试验研究，对腐蚀环境和腐蚀状态进行了详细测试，研究了试样锚杆的腐蚀形态、腐蚀损失的重量、平均腐蚀速率和钢筒体的强度损失情况。Zhu 等（2019）研究了腐蚀环境下预应力锚杆自由段的腐蚀破坏机制，通过试验研究了不同 pH 和不同氧流量对预应力锚杆腐蚀行为的影响，建立了预应力锚杆腐蚀速率模型。Divi 等（2011）通过电化学腐蚀试验，研究了 Yucca 隧道支护锚杆在不同温度下的腐蚀效应。Wang 等（2019）对锚杆在役期间的腐蚀情况及其影响因素进行研究，分析了在役锚杆的化学成分、金相组织和力学性能，得到了腐蚀副产物和灌浆的微观结构和组成，对锚杆耐久性的环境影响因素进行了评价。Rahman 等（2008）通过电化学测量研究了不同浓度腐蚀溶液和不同温度下摩擦型钢锚杆的腐蚀行为。赵健等（2007）通过开展室内和现场试验，研究了应力腐蚀对锚杆使用寿命的影响，通过现场试验对不同等级预应力锚杆的腐蚀环境和腐蚀状况进行了详细测试。Wu 等（2018）构建了一种能够承受拉伸载荷的加载框架，模拟并检验了现场模拟条件下全尺寸锚索的应力腐蚀开裂，研究了钢绞线排列、镀锌和压痕对于应力腐蚀开裂的影响。

Yilmaz（2005）采用线极化、电化学阻抗谱（electrochemical impedance spectroscopy，EIS）和模拟地下水浸泡试验等方法研究了结构钢的腐蚀性能。Peng 等（2020）采用室内实验和水文地球化学模型相结合的方法，对煤矿井下与水环境有关的锚杆腐蚀破坏进行了研究。用 PHREEQC 程序模拟了锚杆与地下水和岩石材料的腐蚀反应，量化了好氧和厌氧条件下铁和碳的反应。Jiang 等（2014）研究了锚杆腐蚀对锚固岩石边坡时变系统可靠性的影响，以混凝土中钢筋的腐蚀退化模型来模拟锚杆的均匀腐蚀，确定了锚杆腐蚀引起的两种典型破坏模式及锚固边坡的破坏模式，提出了一种基于蒙特卡罗仿真的可靠性分析方法对锚固岩体边坡进行系统可靠性分析。Li 等（2020）通过开展模型试验对预应力锚固边坡在腐蚀环境下的性能变化进行研究，基于对开路电位（open-circuit potential，OCP）、腐蚀电流密度（corrosion current density，CCD）和电化学阻抗谱等方面的监测研究预应力锚杆的腐蚀过程，基于锚固力和锚固位移的变化，对预应力锚固边坡的稳定性进行评价。Li 等（2013）研究了玻璃纤维增强聚合物土钉在发生持续变形时应力水平对其松弛性能的影响，提出了应力松弛比评价模型。夏宁（2005）使用 Ansys 软件对砂浆锚杆锚固段锈蚀胀裂特征进行数值模拟，研究了锈胀位移规律，提出了锈胀裂纹扩展到砂浆和岩土体界面时临界锈蚀量的预测公式，研究了锈蚀部位的变化对于锚杆抗拔力和黏结性能的影响。张思峰等（2011）通过预应力单锚失效的现场试验结合预应力监测数据研究了腐蚀和张拉力波动对锚固结构耐久性的影响。结论表明：腐蚀和高频循环荷载会对耐久性产生显著影响。

2. 岩体边坡稳定性影响因素及影响规律

1）稳定性影响因素

霍逸康等（2023）基于数值模拟和正交试验法借助离散元分析软件 UDEC 分析了多因素对于软硬互层反倾岩体边坡稳定性的影响，选取的主要影响因素有边坡坡角、岩层倾角、坡高、相邻软硬岩层总厚度、硬软岩层厚度比、硬软岩层力学参数序号比和结构面力学参数 7 个因素。余浩（2020）研究了含有水平、顺倾、反倾三种软弱夹层的岩体边坡的稳定性的影响因素，选取软弱夹层的厚度、软弱夹层的位置、软弱夹层倾角和软弱夹层抗剪强度 4 个因素作为主要影响因素。郭双枫等（2017）基于有限元法和正交试验法研究了层状岩体边坡稳定性的影响因素，选取边坡高度、坡角、结构面黏聚力、结构面内摩擦角、岩体容重、岩层倾角、滑块厚度和岩体黏聚力 8个因素作为主要影响因素，通过方差分析法检验了主要影响因素的显著性，通过敏感性分析得到了边坡稳定性影响因素敏感性的大小。Naghadehi 等（2011）采用概率专家半定量（probabilistic expert semi-quantitative，PESQ）编码方法，在岩石工程系统框架内评估影响岩石边坡稳定性的因素的重要性，选取地层岩性、断层和褶皱、历史不稳定状态、岩石完整度、分化作用、结构面力学性能、水的条件、岩体边坡高度和坡度等因素。胡新丽等（2007；2006）研究了库水位变化对于边坡稳定性的影响。

此外王新民等学者（2013）选取了边坡高度、边坡角度、黏聚力、内摩擦角、岩体结构特征等 13 个因素作为评价边坡稳定性的指标因素；丁丽宏（2011）选取了坡高、日最大降水量、黏聚力、岩体完整性指标等 7 个因素；王述红等（2016）选取了黏聚力、内摩擦角、边坡角度、抗震烈度等 5 个因素；张旭等（2018）选取了坡高、坡度、地下水侵蚀、软弱结构面与断层的关系等 13 个因素作为评价指标；肖海平（2019）选取了岩体结构、边坡高度、地下水体和地质构造等 10 个因素作为露天矿边坡的稳定性评价指标。

2）多因素对于岩体边坡稳定性的影响规律

霍逸康等（2023）基于 UDEC 离散元分析软件研究了边坡坡角 α、岩层倾角 β、坡高 h、相邻软硬岩层总厚度 D、硬软岩层厚度比 η、硬软岩层力学参数序号比 λ、结构面力学参数（摩擦角 JFri 为代表）对于软硬互层边坡稳定性的影响规律。基于位移的结果分析认为敏感性的排序为 JFri $>$ h $>$ D $>$ β $>$ α $>$ λ $>$ η。基于稳定性系数结果分析认为敏感性排序为 α $>$ β $>$ JFri $>$ λ $>$ η $>$ h $>$ D。余浩（2020）通过对含有软弱夹层的岩体边坡进行稳定性计算，研究了多因素对于该种岩体边坡稳定性的影响规律。结果显示水平、顺倾、反倾三种软弱夹层岩体边坡安全性随着软弱夹层厚度增大而降低，软弱夹层越接近坡脚，发生破坏的可能性越大，随着顺倾软弱夹层倾角的变化，顺倾层状岩体边坡安全性随倾角基本平稳，而反倾层状岩体边坡安全性呈现出逐渐减小，后突然增大的趋势。王宇等（2013）使用强度折减法的节理有限元法（JFEM-SSR）分析了反倾层状边坡的变形破坏机制，基于此方法分析了地下水渗流作用、地震作用、岩层倾角、岩面厚度四个因素对反倾岩体边坡稳定性的影响规律。结论表明：反倾岩体边坡的稳定性随着入渗系数和地震动峰值加速度的增加减弱，随着岩层倾角和岩层厚度的增加而增加。滕光亮等（2013）采用离散单元法进行数值模拟，分别探讨了坡高、地震烈度、坡角及节理倾角组合对节理岩体边坡稳定性的影响规律，结论表明：节理岩体边坡的稳定性随着坡高、坡角以及地震烈度的增加而降低。Zheng 等（2019）提出了一种基于极限平衡理论的局部锚杆加固反倾斜顺层岩体边坡稳定性预测模型，研究了锚杆位置对加固效果的影响。结果表明，在锚杆角度一定的情况下，锚杆的位置决定了锚杆的加固效果，安装位置从叠加倾覆区（岩层内部类似叠加悬臂梁的区域）开始效果最好。Basha 等（2020）研究了不同水力分布条件下锚固岩体边坡抗平面破坏的可靠性优化设计方法，得到了平面滑动破坏随水压的变化规律，计算了边坡的安全系数。

3）岩体边坡失稳机制及稳定性评价

Sun 等（2014）研究了岩石结构面组合特性对岩体力学参数的影响，根据试验结果和现场结构面组合特征，对梨园水电站溢洪道闸室边坡的岩石力学参数进行了预测，对边坡稳定性进行了评价。Liu 等（2021）以汝城至郴州高速公路调坎龙隧道某多组结构面反倾边坡为例，采用现场调查、变形监测和数值模拟等方法，分析了边坡破坏的变形特征及演化过程，同时，对边坡的破坏机理进行了探讨，分析了岩体结构面对于岩体的稳定性和破坏模式的影响。Deng 等（2020）通过振动台试验研究了在频繁微震作用下锯齿状顺层岩体边坡的动力特性、损伤积累和破坏模式。Liu 等（2019）使用全局接触理论，采用三维 DDA 方法研究岩石边坡倾倒破坏机制，考虑动力平衡条件，对倾倒边坡进行了分析，推导了相应的计算公式，阐述了整体接触理论的代数计算和力学计算，研制了一种研究块体倾倒过程的实验装置。Bowa 等（2019）提出了一种确定反倾斜破坏面角的搜索方法，并通过引入反倾斜弱面角，改进了块体倾倒破坏机制下岩体边坡稳定性评价的传统解析模型，使用该改进模型研究了反倾斜破坏面相对倾角对边坡稳定性的影响。Pan 等（2017）开展了一系列物理模型试验和数值流形方法的数值模拟，研究了完整岩块的数量、长度和间隔距离对岩质高边坡宏观观测破坏过程的影响。Zhou 等（2019）采用扩展有限元法研究了具有非持续性梯形节理的岩体边坡的脆性破坏机制，提出了一种新的几何方法来描述扩展有限元法中的裂纹，提出了两种典型的岩石边坡破坏模式，阐述了岩石边坡的台阶脆性破坏机理。Jiang 等（2015）研究了节理岩体边坡的破坏过程和机理，采用离散元法，建立了一种新型的黏结接触模型，分析了边坡失稳的开始和破坏过程。

Li 等（2019）利用地面激光扫描（TLS）获得岩石边坡三维空间信息。采用模糊 K-Means 算法获取岩体结构面优势产状信息，基于最短距离（SD）算法和地面体积计算算法，获得岩崩分布、形状、体积和伤痕，对岩体边坡工程实例的失稳破坏机制及其演化特征进行了分析。Zheng 等（2019）提出了计算块体弯曲倾倒安全系数的两种理论模型，使用离散元数值模拟方法研究了块体弯曲倾倒的破坏机制。Aydan（2016）基于经验和理论模型分析了地震诱发的岩体边坡破坏的基本特征，讨论分析了地震对岩体边坡的影响。Cai 等（2019）利用离散元数值计算软件和地质工程分析方法，对青海省拉西瓦水电站右岸岩质高边坡展开分析，识别了岩体边坡的变形破坏阶段，研究了倾倒变形机理。Stead（2015）讨论了与页岩边坡稳定性相关的重要物理和力学性质，对国际上页岩边坡失稳的实例进行了总结分析，讨论了各向异性岩体边坡岩体的稳定性分析和模型，分析了脆性岩体破坏对页岩边坡的影响。Chen 等（2020）通过一系列的振动台试验，模拟了某反倾岩体边坡在不同地震荷载作用下的地震响应，确定了反倾岩体边坡的稳定性和宏观演化过程。Zheng 等（2019）分别用极限平衡和数值模型研究岩质高边坡发生块状弯曲倾倒破坏的机理。Zhou 等（2019）采用扩展有限元法（extended finite element method，XFEM）研究了具有非持久梯形节理的岩石边坡的脆性破坏机理，提出了一种新几何方法来描述 XFEM 中的裂纹，给出了考虑体力和摩擦接触力影响的积分的数值形式。Nadimi 等（2013）以卡伦 4 号大坝右桥台和坝体下游为例，使用离散裂隙网络（DFN）模型生成了一系列数值离散元（DEM）模型，对岩石边坡在静、动荷载作用下的变形演化过程及稳定性进行了分析。

 ## 1.3　存在的问题及发展趋势

通过对以上研究现状的分析，可以看出目前在锚固理论研究、岩体边坡坡体结构特征、岩体边坡稳定性和锚固结构安全性影响因素方面已经开展了大量的研究并且取得了一定的研究成果。但是目前，针对岩体边坡锚固结构体系安全性评价指标体系的研究较少而且存在以下问题，需要进一步解决完善。

第一，岩体边坡锚固结构体系长期安全性影响因素研究。目前基于现场试验、数值模拟等方法研究多因素对于岩体边坡锚固结构体系长期安全性的影响规律的研究较少。而岩体边坡锚固结构体系的长期安全性是受到多因素作用的影响，因此该研究对于岩体边坡锚固结构体系长期安全性评价是很有意义的。分析多因素对于岩体边坡锚固结构体系长期安全性的影响规律将是未来的一个发展方向。

第二，岩体边坡锚固结构体系长期安全性评价指标体系研究。目前有针对锚固结构腐蚀状况评价的指标体系、岩体边坡稳定性评价指标体系的研究。而且目前对于锚固结构的安全性评价多集中于无损检测等单一指标评价。尚未有针对岩体边坡锚固结构体系安全评价构建统一指标体系的研究。而要对岩体边坡锚固结构体系进行安全性评价，指标体系是不可或缺的部分。建立针对岩体边坡锚固结构体系的多因素安全性评价指标体系尚需要深入研究。

第三，评价指标的分级标准研究。构建评价指标体系必须要确定各指标的分级标准。目前关于岩体边坡稳定性评价和锚固结构耐久性评价的指标体系研究中在确定评价指标的分级标准时大部分采用的是等宽法和经验法。但是各指标对于岩体边坡稳定性和锚固结构安全性的影响是非线性的，采用等宽法是不合理的，因此提出一种新的评价指标分级标准确定方法是很有必要的。

 ## 1.4 主要研究内容，技术路线和创新点

1.4.1 研究内容

本书以岩体边坡锚固结构体系为研究对象，通过现场调查、数值模拟和统计分析等方法，开展了多因素对于岩体边坡锚固结构体系安全性的影响规律、岩体边坡锚固结构体系长期安全性评价指标体系和工程应用的研究，主要研究内容如下。

（1）多因素对于岩体边坡锚固结构体系长期安全性的影响规律研究。

基于监测数据、勘察和设计资料、室内及现场试验，通过离散元分析法、渗流分析、刚体极限平衡法和拟静力分析法等方法，研究了边坡几何条件、水文气象、偶然因素、岩体条件和锚固结构参数 5 方面的因素对岩体边坡锚固结构体系长期安全性的影响规律。

（2）岩体边坡锚固结构体系长期安全性评价指标体系研究。

基于岩体边坡稳定性和锚固结构安全性影响因素、岩体边坡的失稳模式和锚固结构的破坏形式，构建岩体边坡锚固结构体系长期安全性评价指标的层次分析结构。结合研究内容（1）中多因素对于岩体边坡锚固结构体系长期

安全性影响规律，提出一种"基于锚固岩体边坡稳定性系数影响规律的连续型变量分级标准确定方法"确定分级标准的方法，确定指标的分级标准。将指标的分级标准和层次分析结构相结合，构建岩体边坡锚固结构体系长期安全性评价指标体系。

（3）岩体边坡锚固结构体系安全性评价指标体系工程应用研究。

将研究（2）中构建的指标体系应用于西南地区某水电站水垫塘岩体边坡锚固结构体系进行安全性评价，验证岩体边坡锚固结构体系安全性评价指标体系的合理性。

1.4.2　研究方法与技术路线

本书使用的研究方法主要有：现场调查、数值模拟和统计分析等方法。

第一，现场调查法。本书通过现场调研和资料收集对 4 个典型水电工程岩体边坡锚固结构体系的特征进行了分析总结。

第二，数值模拟法和统计分析法。本书通过离散元法进行数值模拟分析结合统计分析研究了边坡几何条件、水文气象条件、偶然因素、地质条件和锚固结构参数 5 个方面的 20 个因素对于岩体边坡锚固结构体系长期安全性的影响规律。此外，基于统计分析，提出了一种基于锚固岩体边坡稳定性系数影响规律的连续型变量分级标准确定方法。

第三，智能算法。本书使用 $K-$ 近邻算法（KNN）对连续性指标分级标准的合理性进行检验。

本书的技术路线如图 1.1 所示，基于既有文献、规范等研究成果，收集岩体边坡锚固结构体系长期安全性的影响因素，结合岩体边坡的失稳模式和锚固结构的失效形式通过定性分析进行指标筛选。通过数值模拟法和统计分析法研究了多因素对于岩体边坡锚固结构体系安全性的影响规律，结合影响规律和安全性影响因素构建岩体边坡锚固结构体系长期安全性评价指标体系。

使用 K- 近邻算法对指标分级标准的合理性进行验证。最后将岩体边坡锚固结构体系安全性评价指标体系应用于西南地区某水电站岩体边坡锚固结构体系工程实例，验证了该安全性评价指标体系的合理性。

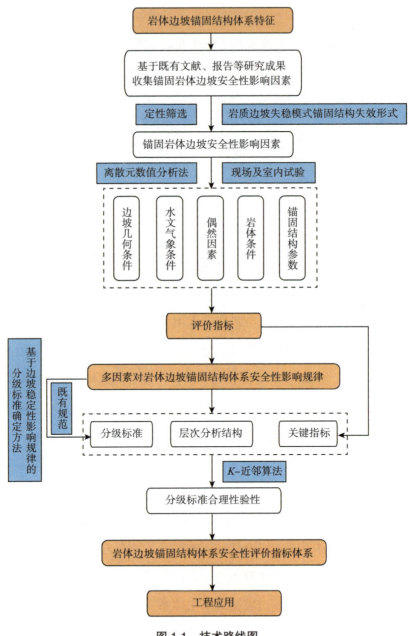

图 1.1　技术路线图

1.4.3　创新点

第一，确定了岩体边坡锚固结构体系长期安全性的主要影响因素，揭示了多因素对于岩体边坡锚固结构体系安全性的影响规律。

从边坡几何条件、水文气象、偶然因素、岩体条件和锚固结构参数 5 个方面选取了 24 个指标作为岩体边坡锚固结构体系长期安全性的主要影响因素。这些因素对于岩体边坡锚固结构体系安全性的影响大都是非线性的，一般呈现出指数函数形式。建立了岩体边坡锚固结构体系长期安全性影响因素与锚固岩体边坡稳定性数学关系模型。

第二，构建了岩体边坡锚固结构体系长期安全性评价指标体系。

结合岩体边坡的破坏模式构建了 4 种岩体边坡锚固结构体系长期安全性评价指标体系，每种指标体系包含 3 个部分，一是指标，该指标体系包含 5 个方面 24 个指标。二是指标的层次结构，该结构包含了准则层、项目层和指标层的三层次。三是各指标的分级标准。提出了一种基于锚固岩体边坡稳定性系数影响规律的连续型变量分级标准确定方法。相比于传统的等宽法，该评价方法充分考虑了各指标对锚固岩体边坡稳定性的影响规律，更符合工程实际。

第 2 章　岩体边坡锚固结构体系特征

　　我国水利水电领域锚固工程的规模属世界首位，并朝着大规模、高吨位的趋势迅猛发展。三峡、向家坝、溪洛渡、白鹤滩和乌东德水电站主体工程均大量应用锚固技术，形成了大量的岩体边坡锚固结构体系。岩体边坡锚固结构体系的特征直接影响着整个体系的长期安全性。岩体边坡的特征和破坏模式直接影响着评价指标的选取，锚固结构类型和失效形式的不同也关系着长期安全性影响因素的选取。本章将首先明确岩体边坡锚固结构体系的定义，分别叙述三峡船闸高边坡锚固结构体系、隔河岩厂房高边坡锚固结构体系、向家坝左岸高边坡锚固结构体系和水布垭马崖高边坡锚固结构体系4个水电工程岩体边坡锚固结构体系的特征，总结岩体边坡和锚固结构的类型及失效模式。

 ## 2.1　水电工程岩体边坡锚固结构体系

　　锚固结构的作用是使外部不稳定的岩体连接到内部稳定的岩土体上，借助锚固结构进行锚固力的传递，最终使得外部的岩土体稳定。水利水电工程中由于施工和设计需要，会形成大量的岩体边坡，这些边坡由于爆破、降水和坡度等原因使得自身稳定性较差或者不稳定，通过锚固结构进行加固后达到了规范要求的稳定性。由岩体边坡和锚固结构组成的体系就是岩体边坡锚固结构体系。其中锚固结构包含锚索（杆）的内锚固段、锚索（杆）体、外锚头、注浆体和锚墩。外锚头包含钢筋混凝土垫板、钢垫板、工作锚板、限位板和工具锚板等部件。

2.1.1　三峡水利枢纽船闸高边坡锚固结构体系

长江三峡水利枢纽永久船闸位于三峡大坝左岸山体中，系在山体中深切开挖修建的双线连续 5 级船闸。两线船闸平行布置，中心线间距 94 m，中间保留底宽为 57 m 的岩石中隔墩，闸室有效尺寸 280.0 m×34.0 m×5.0 m（长 × 宽 × 槛上最小水深）。船闸闸室边墙为锚固在边坡岩体上、厚 1.5 m 的钢筋混凝土薄衬砌式结构。受船闸结构布置要求控制，船闸沿线形成"W"形人工开挖岩质边坡，最大开挖高度达 173 m，最大坡高达 160 m，其中位于第 3 闸首附近约 400 m 范围内坡高为 120～160 m，其余坡高一般为 70～120 m，闸室边墙部位一般为 50～70 m 高的直立边坡。三峡船闸高边坡共安装普通钢筋锚杆近 3.6 万根，高强结构锚杆 10 万根，1 000 kN 级锚索 229 束，3 000 kN 级锚索 3 975 束，块体支护 1 054 块。船闸高边坡典型锚固断面见图 2.1。

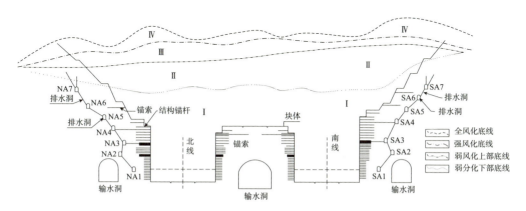

图 2.1　船闸高边坡锚固体系断面

船闸高边坡使用的支护锚索有：1 000 kN、3 000 kN 级端头锚和 3 000 kN 级对穿锚，除 113 束监测锚索和 121 束闸首混凝土结构加固锚索为无黏结构外，其他均为全长黏结锚索。锚索的类型统计参见表 2.1。斜坡段在二、三闸室段弱至微风化斜坡面系统布置 1~2 排 1 000 kN 和 1 排 3 000 kN 预应力端头锚索，以防边坡张裂，锚索深 35~40 m，间距 3 m。两侧南北直立坡及中隔墩塑性区系统布置 2 排 3 000 kN 级锚索，上排设在坡顶以下 4~6 m 处，长 40~55 m，下排设在直立坡中部，长 35~55 m，间距均为 3~4 m；南、北坡与对应高程地下排水洞对穿，中隔墩两侧对穿。

表2.1　船闸支护采用的锚索类型

分类	支护性质		张拉吨位		锚固形式		黏结类型	
	系统	随机	1 000 kN 级	3 000 kN 级	端头锚索	对穿锚索	有黏结锚索	无黏结锚索
数量/束	2 080	2 296	229	4 147	2 390	1 986	4 130	246

2.1.2　隔河岩厂房高边坡锚固结构体系

清江隔河岩水电站厂房位于西边崖坡脚，最大挖深 60 m，在厂房上游形成高边坡。厂房高边坡由连接坝下消力池右侧的衔接边坡和平行厂房轴线的隧洞出口正面边坡以及折向下游的侧面边坡组成。其中衔接边坡和正面边坡前沿长分别约 50 m 和 100 m，施工期坡高 155 m，运行期坡高 110 m；侧面边坡前沿长约 150 m，施工期坡高 220 m，运行期坡高 170 m；整个厂房高边坡前沿总长 300 m。隔河岩厂房边坡锚固结构体系如图 2.2 所示。

图 2.2 隔河岩厂房边坡锚固结构体系

西边崖为石灰岩陡崖。开挖前直立高度约 80 m，走向 NE70°，与岩层走向一致而倾向相反。陡崖岸剪裂隙发育，具硬岩压软岩的共同特点，分布上以距崖脚越近越严重。陡崖下方的缓坡岩体为页岩，是多层理、多高倾角、微细裂隙的岩体，失水易崩解。厂房高边坡上硬下软，采用预应力锚索进行加固处理。

厂房高边坡共布置预应力锚索（杆）228 束（含试验 60 束），布置于高程在 165～225 m 的垂直壁石上。锚束单束长 40 m。钢绞线为江西新余厂生产，实际使用钢铁线张拉强度 1 470 N/mm^2，单束张拉力 1 778 kN。布置上考虑到水平锚索抗倾力矩大，故结合施工造孔要求选定倾角 6.5°，使锚孔尽量水平排布。锚深按锚入稳定岩体定为 40 m。

2.1.3 向家坝左岸高边坡锚固结构体系

向家坝左岸高边坡包括三段，分别是上游段、中间段和下游段。上游段边坡：包括自然边坡和人工边坡两部分，最大坡高约 300 m。上部从高程 490～556 m 为缆机平台及其开挖形成的后边坡，由侏罗系红层构成，为泥质岩夹石英砂岩，岩石呈中等至强风化，坡比 1：1.5～1：1.25。中间段边坡：边坡范围从左岸坝肩槽至磨刀溪沟。坡脚为泄水渠底板，高程 260 m，最大开挖高程 490 m，最大坡高 230 m，开挖坡比 1：0.75～1：1.25。下游段边坡：边坡范围从磨刀溪沟到二期导流泄水渠的口门区，岩性为粉砂质泥岩、泥岩和泥质粉砂岩夹 3 层粉细砂岩或细砂岩及粉砂岩。坡脚为泄水渠底板，高程 260 m，最大开挖高程 484 m，最大坡高 224 m。开挖边坡走向 300°，坡比 1：0.75～1：1.5。向家坝左岸岩质高边坡锚固结构体系如图 2.3 和图 2.4 所示。

图 2.3　向家坝左岸高边坡范围

图 2.4　下游中间段部分岩体边坡锚固结构体系

针对不同的岩组岩体特性，分区采取不同的系统锚杆支护方式。T33、
T34 岩层区：布设直径 32 mm、间距 3 m×3 m、长度为 8 m 的锚杆，J1-2Z
岩层区：布设直径 28 mm、间距 2 m×2 m、长度为 6 m 的锚杆。覆盖层剥离
区：布设直径 25 mm、间距 3 m×3 m、长度为 5 m 的锚杆。所有锚杆均与护
面层内钢筋网可靠连接，以确保表层岩体的锚固效果。T34 岩组以下的 T33
岩组边坡单根锚索张拉力按 2 000 kN、长度 40 m，顺河向间距 4 m 一排布
置，为避开煤层采空区，倾角取为 7°。T34 岩组以上的 J1-2Z 岩组边坡单根
锚索张拉力按 1 500 kN、倾角 15°、长度 35～55 m，顺河向间距 4 m 一排布
置。上坝公路—高程 400 m 段，对该区段内锚索进行了加密布置，即每一梯
段在其底部和中部各布置了一排 1 500 kN 级锚索。

2.1.4　水布垭马崖高边坡锚固结构体系

马崖高边坡是指大坝下游右岸两个断层之间夹持的一段自然高陡边
坡，边坡向清江呈"⌐"形突出临空，顺清江流向坡面走向自西向东为
NE30°～NW290°～NW358°，分别对应西面坡、正面坡与东面坡。边坡坡顶高
程为 546 m，坡脚高程约 190 m，最大坡高约 360 m。施工期主要对马崖西面坡
进行了整治，并分三期实施。水布垭马崖高边坡锚固结构体系如图 2.5 所示。

（a）马崖高边坡　　　　　　　　　　（b）锚固结构体系

图 2.5　水布垭马崖高边坡岩体边坡锚固结构体系

马崖高边坡整治工程分三期进行。一期工程为高程 400～490 m 的西面坡，主要开挖危岩体及其后缘极强卸荷岩体。为改善边坡整体应力状态及加固局部大型不稳定岩体，在Ⅰ区高程 420～430 m、430～440 m 之间布置锚索 20 束；Ⅱ区高程 440～450 m、450～460 m 之间布置锚索 13 束；Ⅲ区高程 460～470 m、470～480 m 之间布置锚索 12 束。所有锚索均为 2 000 kN，L=40 m 的无黏结预应力锚索，锚索倾角为下倾 15°，钻孔孔径 165 mm。二期工程为高程 340～430 m 的西面坡，主要开挖极强卸荷岩体及部分严重卸荷岩体。采用素喷 C20 混凝土和挂网喷 C20 混凝土对边坡进行保护。三期工程为高程 230～340 m 的西面坡，为改善边坡整体应力状态及加固局部大型不稳定岩体，在高程 400～410 m、410～420 m 之间布置锚索 21 束；在高程 410～420 m、420～430 m 之间布置锚索 19 束。锚索均为 2 000 kN，L=40 m 的无黏结预应力锚索，锚索倾角为下倾 15°，钻孔孔径 165 mm。

 ## 2.2 锚固结构分类及失效形式

随着锚固技术的发展，开发出多种锚固结构形式。目前工程中常用的锚固结构有三种，分别是拉力型预应力锚索（杆）、压力型预应力锚索（杆）和全黏结非预应力锚杆。此外，由于锚固结构形式、受力状态和运行环境等因素的影响，其失效形式也存在显著差异。常见的失效形式有 4 种，分别是索（杆）拉断、周围岩土体破坏、砂浆－岩土体界面破坏、锚索（杆）－砂浆界面破坏。

2.2.1　锚固结构分类

岩体边坡锚固结构体系的主要组成部分之一就是锚固结构。在工程建设过程中，主要采用拉力型预应力锚索（杆）、压力型预应力锚索（杆）和全黏结非预应力锚杆 3 种锚固结构类型。3 种锚固结构的示意图如图 2.6 所示。

第一，全黏结非预应力锚杆。全黏结非预应力锚杆采用全长黏结，不能施加预应力，因此不能主动施加锚固力，这种类型的锚杆的加固机理是通过注浆将锚筋和周围的岩体之间形成牢固的黏结，使得外部不稳定的岩体和内部稳定的岩体联系起来从而起到加固作用。

第二，拉力型预应力锚索（杆）。拉力型预应力锚杆组成构件包括三个部分，分别是锚头、自由段和锚固段，各部分的受力特征都不相同。自由段的索（杆）体通过套管保护，该段索（杆）体可以自由变形，锚固段是通过注浆将岩土体与索（杆）体牢固黏结在一起，从而将索（杆）体的受力传递到岩体上。锚头部分可以进行张拉锁定，进行预应力的施加。该结构的加固机理是通过施加预应力，将力传递到深部稳定地层中，进而起到加固作用。

第三，压力型预应力锚索（杆）。压力型预应力锚索（杆）的索（杆）体采用无黏结钢绞线，该种结构的承载体是位于孔底处的承压板，钢绞线被固定在承压板上，通过在锚头处进行张拉操作，在加固体的表面产生预应力，该张拉荷载被传递至底部的承载体，从底端向固定段的顶端传递，实现了加固稳定的效果。

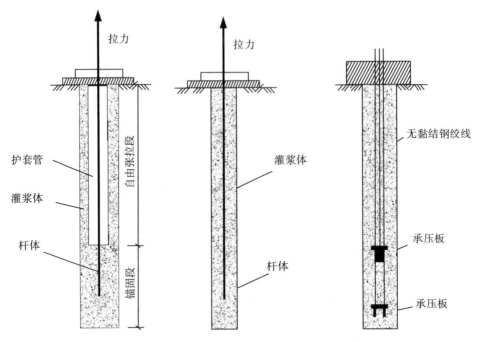

（a）预应力锚索（杆）　（b）全黏结非预应力锚杆　（c）压力分散型预应力锚索（杆）

图 2.6　锚索（杆）示意图

2.2.2　锚固结构的失效模式

锚固结构常见的失效模式有 4 类，分别是锚索（杆）拉断、周围岩土体破坏、砂浆－岩土体界面破坏、锚索（杆）－砂浆界面破坏，如图 2.7 所示。

第一，锚索（杆）拉断。锚索（杆）－注浆体－岩石的黏结程度好，注浆体的黏结强度远高于锚索（杆）的抗拉强度，当锚索（杆）受到拉拔力超过锚索（杆）的抗拉强度时，在锚索（杆）靠近固定端的端头位置处，就会发生这种破坏。

第二，周围岩土体破坏。锚索（杆）的强度较高，锚索（杆）－注浆体－岩石之间的黏结强度也较高，当锚杆受到抗拔荷载时，拉拔力在锚索（杆）上是不均匀分布，锚杆与注浆体所受的拉拔力在靠近锚索（杆）的自由端位置处最大，当该拉拔力超过岩体的抗拉强度时，便会在岩土体上发生这种锥体破坏。

第三，砂浆－岩土体界面破坏。发生这种破坏模式主要是因为浆体－岩石界面的黏结强度不够，该黏结强度低于施加的拉拔力。随着拉拔力的增加，就会发生浆体的脱黏破坏。

第四，锚索（杆）－砂浆界面破坏。这种破坏模式是因为锚索（杆）与注浆界面的黏结强度较低，该黏结强度低于施加的拉拔力。随着拉拔荷载的增加，在该界面处发生了脱黏破坏。

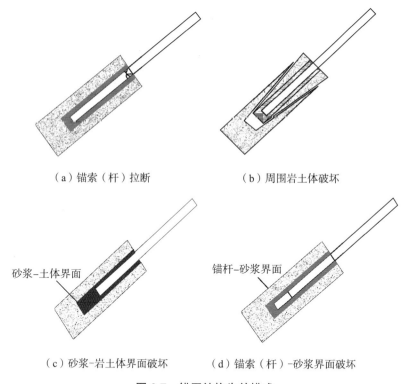

（a）锚索（杆）拉断　　　　　　（b）周围岩土体破坏

（c）砂浆-岩土体界面破坏　　　（d）锚索（杆）-砂浆界面破坏

图 2.7　锚固结构失效模式

锚索在实际工程中的失效情况如图 2.8 所示。

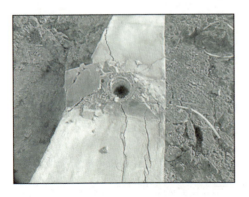 

（a）索体拔出破坏（张小兵，2015）　　　（b）索体拉断破坏（张小兵，2015）

（c）地梁拉断破坏（张小兵，2015）　　　（d）锚固头腐蚀开裂破坏

图2.8　现场锚固结构失效形式

 2.3　岩体边坡类型及失稳模式

　　作为岩体边坡锚固结构体系的重要组成部分，岩体边坡是一种复杂的地质体。基于其岩体结构特征可以将岩体边坡划分为块状结构岩体边坡、层状结构岩体边坡和碎裂状岩体边坡三种类型。受到其坡体结构、地貌条件、岩石性质和水文气象等因素的影响，岩体边坡呈现出不同的失稳模式。

2.3.1 岩体边坡类型

岩体边坡锚固结构体系的主要组成部分之一是岩体边坡。通常可按岩体结构类型划分为块状结构岩体边坡、层状结构岩体边坡和碎裂状岩体边坡（戚国庆，2004；郑晓卿 等，2017；邹德玉，2021）。

第一，块状结构岩体边坡。块状结构岩体边坡通常是由两组或两组以上的不同产状的结构面及厚层岩块组合而成，结构体多为多面体。这种结构岩体结构面的成因主要有两种，一种是原生结构面，另一种是构造节理，它们是在岩体受构造应力作用下发生变形破裂时形成的，连续性较好。

块状结构岩体的整体强度较高，岩体的变形、破坏依然受结构面的控制。岩块的剪切滑移主要受结构面的抗剪强度和结构体的刚度、几何形态、尺寸大小所制约。由于一些结构面延展性差，部分岩石的抗剪强度尚可以发挥作用。在Ⅱ、Ⅲ级结构面不存在的情况下，其破裂面是随机的，若存在Ⅱ、Ⅲ级结构面，则应注意此类结构岩体中的块体或组合块体滑移的可能性。

第二，层状结构岩体边坡。此类结构边坡主要分布于比较简单的沉积岩和一些变质岩、沉积型的火山岩中，边坡由相互平行或近似平行的一组结构面组合而成，结构体为层状。岩层的产状可以是水平的，也可以是倾斜陡立的，在岩层组合上可以是单一岩性，也可以是不同岩性的互层或夹层。由于岩性可以是不同岩性的互层或夹层，此类岩体水文地质结构比较复杂，有的岩层隔水，有的岩层透水含水，往往形成多层含水的水文地质结构。同时由于可能含有软弱夹层，往往导致这类边坡失稳破坏。层状结构边坡的变形破坏主要表现为顺层滑动破坏。

第三，碎裂状岩体边坡。碎裂状岩体边坡的结构面非常密集、复杂，方向散乱而不规则，并且结构面表面比较粗糙，许多是张开裂隙，其中通常夹杂黏土、碎屑等充填物。结构体呈颗粒状、鳞片状、碎屑粉状、角砾状以及块状。结构面的形成往往是在原生节理或构造节理的基础上发生和发展起来的，结构体在力学属性上可以将其视为连续介质。这类结构岩体是工程岩体中最薄弱的部位，近松散介质具有明显的塑性或流变特征，在边坡下部由于上覆荷载作用可使其鼓出，变形破坏类似于土质边坡的性质，滑动面和滑动线近似于圆弧形。

2.3.2　岩体边坡失稳模式

岩体边坡的失稳模式不同，考虑的地质因素也会有很大差异，孙玉科等（1983）将我国岩质高边坡的破坏总结为5种：反倾边坡的倾倒破坏（金川模式）；坐落式平推滑移（白灰厂模式）；沿水平软弱岩层的整体性滑动（葛洲坝模式）；具滑移倒塌特征的山崩（盐池河模式）；顺层边坡的快速滑动破坏（塘岩光模式）。此外岩体边坡的破坏模式还可以分为简单模式和复杂破坏模式，其中简单破坏模式为崩塌破坏、平移滑动破坏、楔形破坏、圆弧形状破坏和倾倒破坏5种，而复杂破坏模式为简单破坏模式的组合。本书考虑了岩体边坡崩塌脱落破坏模式、平面滑动破坏模式、弯曲倾倒破坏模式和楔形体破坏模式的破坏过程，如图2.9~图2.12所示。

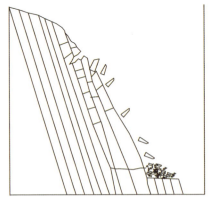

（a）道路边坡崩塌脱落（闫忠梅，2017）　　　　（b）崩塌脱落破坏示意图

图2.9　崩塌脱落破坏模式

（a）秭归县归州镇滑坡（梁德明 等，2014）　　　（b）平面滑动破坏示意图

图 2.10　平面滑动破坏模式

 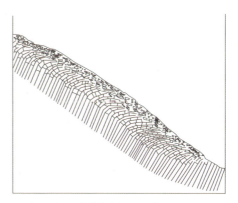

（a）倾倒岩体结构特征（宁奕冰 等，2021）　　　（b）弯曲倾倒破坏示意图

图 2.11　弯曲倾倒破坏模式

（a）楔形体破坏全貌（毛广志 等，2020）　　　（b）楔形体破坏示意图

图 2.12　楔形体破坏模式

第3章 岩体边坡锚固结构体系长期安全性影响因素

岩体边坡锚固结构体系的长期安全性不仅关系着整个水电工程的成败，还会威胁人民群众的生命安全。因此，研究岩体边坡锚固结构体系的安全性影响因素有重要意义。本章基于现场监测数据、勘察资料、设计资料和影响因素的相关研究成果选择了边坡几何条件、水文气象、偶然因素、岩体条件和锚固结构参数5个方面的因素作为岩体边坡锚固结构体系安全性的主要影响因素，通过数值模拟、现场试验和统计分析等方法分析了这些因素对岩体边坡锚固结构体系安全性的影响规律，为构建岩体边坡锚固结构体系长期安全性评价指标体系打下基础。

 3.1 岩体边坡锚固结构体系长期安全性影响因素研究数值模拟方案

岩体边坡锚固结构体系的长期安全性受到多种因素的影响，由于试验和现场资料有限，本节采用数值模拟方法研究了边坡几何条件、岩体条件、水文气象、地震和锚固结构参数5个方面的因素对于锚固结构体系安全性的影响规律。其中边坡几何条件、岩体条件和锚固结构参数采用离散单元法，水文气象及地震采用刚体极限平衡法结合渗流分析。

3.1.1　边坡几何条件、岩体条件和锚固结构参数

离散单元法是一种对存在结构面和节理的岩体进行应力分析的数值方法，在 1971 年由 Cundall 率先提出，可模拟非连续岩体的大位移，接触面滑移、分离等现象，同时可以更加真实地反映出结构面和节理岩体内部变形以及应力分布情况。该方法以牛顿第二定律作为理论基础，可运用于刚体和可变形体的分析研究。3DEC 是三维离散元程序的简称，是由美国 ITASCA 公司开发研究的成熟离散元数值模拟软件。其不仅可以模拟存在不连续情况的工程案例，还可以模拟岩体在动态或静态荷载下的受力和变形情况，主要适用于大变形和转动的分析计算，不但可以自动判别块体间各接触点还能分析动态或静态荷载下介质受力以及变形情况。目前该软件应用在了边坡评价、地下工程和层理、节理或断层等结构对岩石地基的影响等领域。

借助 3DEC 离散元数值分析软件研究边坡几何条件、岩体条件和锚固参数对于岩体边坡锚固结构体系长期安全性的影响规律，构建的数值分析模型如图 3.1 和图 3.2 所示。

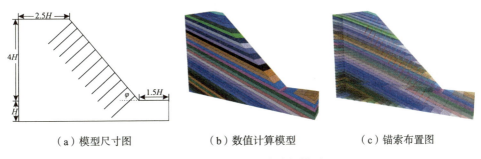

（a）模型尺寸图　　　　（b）数值计算模型　　　　（c）锚索布置图

图 3.1　3DEC 软件数值分析模型图

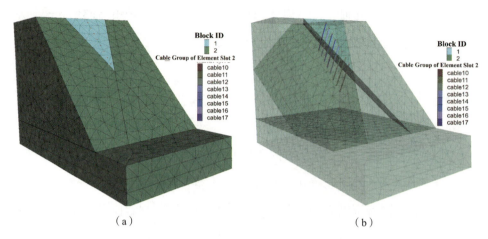

（a） （b）

图 3.2 楔形体破坏模式分析计算模型

数值计算模型的基础参数如表 3.1 和表 3.2 所示。

表3.1 有限元数值模型岩体参数取值

种类	抗剪指标		体积模量 / Pa	剪切模量 / Pa
	C / Pa	φ / (°)		
岩体	$1×10^6$	23.0	$2×10^8$	$1×10^8$

表3.2 锚索单元参数取值

种类	注浆体抗剪指标		注浆体刚度 / (Pa/m)	注浆体周长 / m	横截面积 / m²	杨氏模量	锚索屈服强度 / Pa
	C / Pa	φ / (°)					
锚索	$1.75×10^6$	20	$1.12×10^7$	$1.75×10^6$	$1.8×10^{-4}$	$2×10^8$	4 000

离散元分析软件 3DEC 和有限元分析软件 FLAC 中自带了"cable"单元用来模拟锚索单元的作用。其原理是采用空间弹簧黏结滑移单元来模拟锚索和胶结体之间的传力和滑移特性，以便分析预应力在锚索和岩土体之间传递并在岩体内传播、扩散的规律。锚索单元和砂浆单元之间以及砂浆单元和岩体单元之间的黏结单元采用双弹簧单元模拟，双弹簧单元由两个互

相垂直的虚拟弹簧组成，虚拟弹簧虽然没有几何尺寸，但可以反映黏结滑移的力学效果，这两个方向弹簧的刚度分别用法向刚度 K_v 和切向刚度 K_h 表示，如图 3.3 所示。

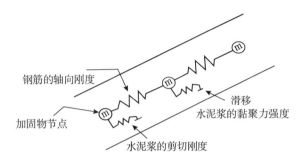

钢筋的轴向刚度

加固物节点

滑移
水泥浆的黏聚力强度

水泥浆的剪切刚度

图 3.3　3DEC 数值分析软件中"cable"单元力学模型

锚索（杆）的轴向本构符合一维的胡克定律，当达到屈服强度时，变形继续发展但是其轴力保持在屈服强度不再改变。其轴向刚度，根据钢筋横截面面积、杨氏模量和单元长度的关系确定，表达式为

$$K = \frac{AE}{L} \tag{3.1}$$

式中：K 为轴向刚度；A 为钢筋横截面面积；E 为杨氏模量；L 为锚索长度。

实际工程中锚索在拉断或者屈服后将其视为丧失轴力，即锚索拉屈服后将其轴力视为 0 更加符合工程的实际情况。因此使用 3DEC 软件自带的"FISH"语言进行编程，对软件自带的"cable"单元进行改进，使其达到屈服强度后就丧失轴力。改进后的"cable"单元的轴向力 - 变形曲线如图 3.4 和图 3.5 所示。

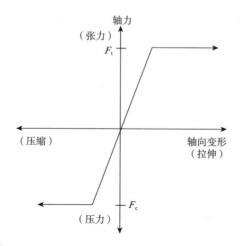

图 3.4　3DEC 软件"cable"单元轴向力 – 变形曲线

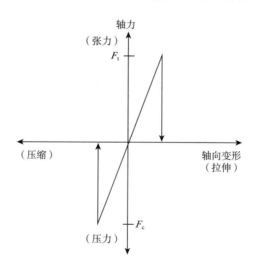

图 3.5　改进的"cable"单元轴向力 – 变形曲线

图 3.4 和图 3.5 中 F_t 和 F_c 分别为拉伸和屈服强度，这些强度可以在 3DEC 软件中进行指定。

使用改进后的"cable"单元进行锚固岩体边坡稳定性分析研究，并对改进的和未改进的进行对比分析，建立的数值分析模型和基于强度折减法的稳定性计算结果如图 3.6 所示。

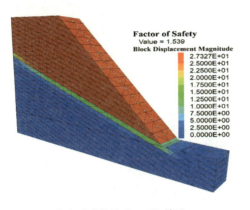
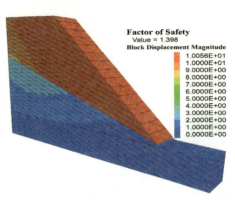

（a）未改进的"cable"单元　　　　　（b）改进的"cable"单元

图 3.6　锚固岩体边坡稳定性分析结果对比图

由图 3.6 可知，未改进的"cable"单元由于其发生拉破坏后其轴力仍然保持在最大轴力不变，所以其计算出的边坡稳定性系数明显大于改进的"cable"单元锚固的岩体边坡的稳定性系数。由于未改进的"cable"单元，其拉破坏后仍然有很大的轴力，对于保持岩体整体性仍然有一定作用，所以其发生破坏的范围和滑动位移的大小都大于改进的"cable"单元所锚固的岩体边坡。

对"cable"单元的锚索轴力进行对比分析，结果如图 3.7 所示。

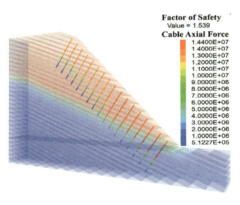
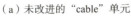
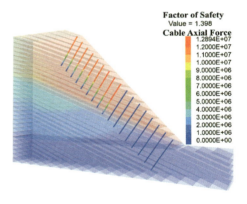

（a）未改进的"cable"单元　　　　　（b）改进的"cable"单元

图 3.7　锚索轴力分析对比图

由图 3.7 可以看出，改进的"cable"单元当其达到锚索的屈服强度发生破坏时，其轴力迅速减小为 0，而未改进的"cable"单元，当其自由段的轴力随着锚固岩体边坡的变形增加到屈服强度时，其维持在最大轴力不变。对岩层结构面的剪应力进行对比分析，结果如图 3.8 所示。

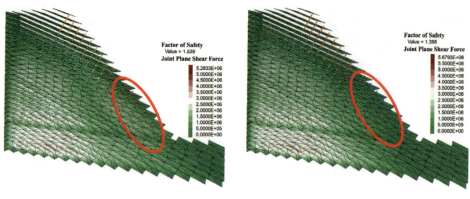

（a）未改进的"cable"单元　　　　　（b）改进的"cable"单元

图 3.8　岩层结构面剪切对比分析图

图 3.8 中圆圈标出的位置为失效锚索的影响范围，未改进的"cable"单元其结构面的剪切应力和影响范围大于改进的"cable"单元对于结构面的影响，这样就造成了其锚固岩体边坡的稳定性系数大于改进的"cable"单元的锚固岩体边坡。

3.1.2　水文气象及地震

GeoStudio 数值分析软件的 SEEP/W 模块的理论基础是基于饱和与非饱和土体渗流的达西定律，边坡稳定性的计算基于 Fredlund 和 Krahn 提出的极限平衡理论进行展开。本次分析采用极限平衡法中的摩根斯坦－普拉斯法。该方法可以考虑土条之间的相互作用力，而且该方法对滑动面的形状、静力平衡以及多余参数的选定都不做特殊的要求。

通过 GeoStudio 数值分析软件的 Seep 模块和 Slope 模块的耦合计算来研

究水文气象条件以及地震对于岩体边坡锚固结构体系长期安全性的影响规律。水文气象因素主要考虑了降水和地下水，其中降水分析了降水时间和降水强度，地下水是通过改变地下水水头与边坡高度的比进行研究。地震通过改变地震的峰值加速，分析地震对于锚固结构体系的影响。构建的数值分析模型如图 3.9 示。基础物理力学参数如表 3.3 和表 3.4 所示。

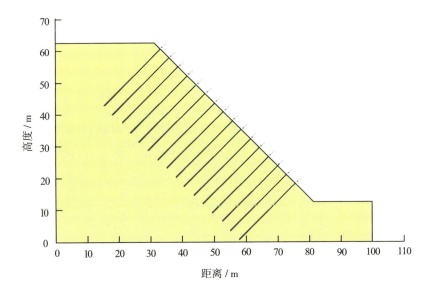

图 3.9　岩土工程分析设计软件（GeoStudio）锚固岩体边坡分析模型

表3.3　GeoStudio数值模型岩体参数取值

种类	抗剪指标		饱和含水率	饱和渗透系数 /（m/d）	密度 /（kN/m³）
	C / Pa	φ /（°）			
岩体	30×10^{6}	28.0	0.38	0.579	20

表3.4　GeoStudio锚索单元参数取值

种类	抗拔强度 /kPa	抗拉强度 /kN	黏结长度 /m	抗剪强度 /kN	黏结直径 /m	锚索间距 /m	抗拔安全系数	抗拉安全系数	抗剪安全系数	锚索长度	锚索角度 /（°）
锚索	300	2 000	13	0	0.383	4	4.5	2	1	25	45

→ 3.2 边坡几何条件对岩体边坡锚固结构体系安全性的影响

坡高和坡度对边坡的稳定性有较为显著的影响，有学者（李红旭 等，2011）对山区公路边坡地质灾害数据库的样本进行统计，认为边坡自然坡高在 30 ~ 50 m，分布比较集中，而边坡角度在 20° ~ 55°，分布比较集中，发生失稳的边坡，坡高集中在 25 ~ 60 m，坡角集中在 15° ~ 50°。

3.2.1 坡高

在坡度不变的条件下，将锚固岩体边坡的高度从 30 m 逐渐增加到 70 m，使用强度折减法分别对不同高度的锚固岩体边坡进行稳定性计算。其计算结果如图 3.10 所示。

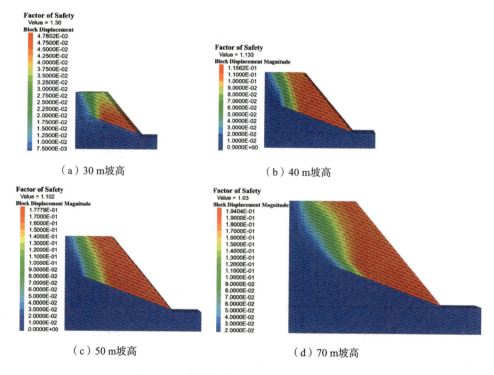

（a）30 m坡高 （b）40 m坡高

（c）50 m坡高 （d）70 m坡高

图 3.10 坡高对稳定性的影响数值分析结果

　　通过数值模拟计算结果可知岩体的层面倾角小于坡脚且倾向坡外时，该种类型锚固岩体边坡的破坏方式为沿着岩体的层面发生平面滑动破坏。随着边坡高度的增加，其坡表的位移量也在显著增加。随着边坡高度的增加，锚固岩体边坡的稳定性呈现出下降的趋势。

　　基于强度折减法对不同高度的锚固岩体边坡进行稳定性计算。锚固岩体边坡的坡高和稳定性系数之间的关系如图 3.11 所示。

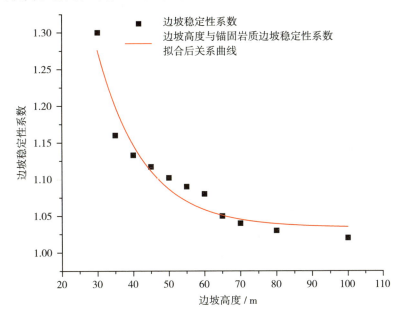

图 3.11　锚固岩体边坡坡高与稳定性系数关系曲线

　　由图 3.11 可知，锚固岩体边坡的稳定性随着坡高的增加呈现指数递减。进行数据拟合可得坡高和稳定性系数的关系为

$$y=2.373\ 1e^{\frac{x}{-13.133\ 3}}+1.034\ 3 \tag{3.15}$$

拟合优度 $R^2=0.950\ 0$。

3.2.2　坡度

谭万沛等（1994）通过对不同坡面倾角的边坡发生崩塌破坏的数量进行统计，表明边坡的坡度越大，其发生崩塌破坏的数量越多，即随着坡度的增大，边坡的稳定性变差。在锚固岩体边坡高度不变的条件下，将锚固岩体边坡的坡度从30°逐渐增加到60°，使用强度折减法分别对不同坡角的锚固岩体边坡进行稳定性计算。其计算结果如图3.12所示。

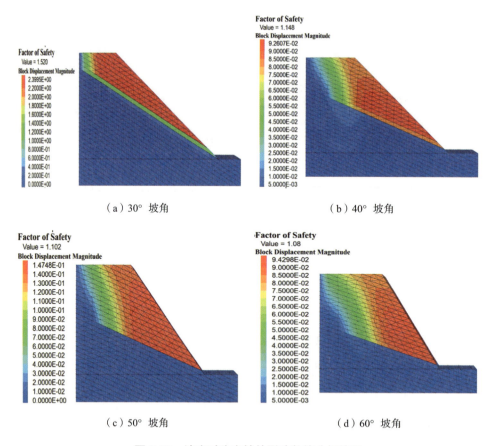

（a）30°坡角　　　　　　　　　　　（b）40°坡角

（c）50°坡角　　　　　　　　　　　（d）60°坡角

图3.12　坡度对稳定性的影响数值分析结果

　　由图 3.12 可知，岩层倾角小于坡角且倾向坡外的锚固岩体边坡的破坏模式是沿着层面的平面滑动破坏。且随着坡度的增加边坡的稳定性系数降低。针对不同坡度的锚固岩体边坡使用强度折减法进行边坡稳定性系数计算，得到边坡稳定性系数与坡度的关系，并进行拟合，构建锚固岩体边坡稳定性系数与坡度的数学模型。其结果如图 3.13 所示。

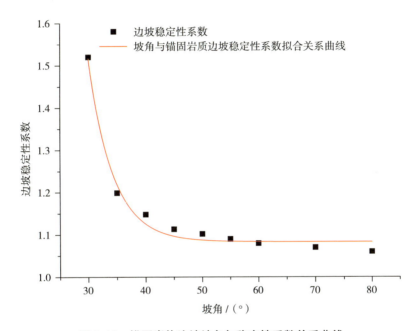

图 3.13　锚固岩体边坡坡角与稳定性系数关系曲线

　　由图 3.13 可知锚固岩体边坡的稳定性随着坡高的增加呈现出递减的趋势。进行数据拟合可得坡高和稳定性系数的关系为

$$y = 1.083\ 4 + 0.454\ 1e^{\frac{-(x-29.793\ 7)}{4.317\ 7}} \tag{3.3}$$

拟合优度 $R^2 = 0.987\ 1$。

3.3 水文气象及地震对岩体边坡锚固结构体系安全性的影响

水是边坡稳定性的重要影响因素，其对岩土体的软化作用和对孔隙水压力的影响都会对整个岩体边坡锚固结构体系的安全性造成影响。本节针对水文气象中降水和地下水两个重要因素，研究了其对岩体边坡锚固结构体系安全性的影响。此外，将地震作为重要的偶然因素，分析了其对岩体边坡锚固结构体系安全性的影响规律。

3.3.1 降水

水文气象条件主要是考虑了水对边坡稳定性的影响。水对边坡稳定性的影响主要集中在水的软化作用使得岩土的力学性质降低，最终导致边坡破坏（郑晓卿 等，2017），除了水的软化作用之外，强降水时水的渗流，以及岩土体孔隙水压力的变化都会对边坡的稳定性产生明显影响（邹德玉，2021）。降水是影响边坡稳定性的一个重要因素，学者针对临界降水量有不同的结论，总结起来主要集中于按照总降水量确定临界降水量、按照日降水量确定临界降水量。依据中国气象局关于降水强度等级划分的标准可得表3.5。

表3.5 降水强度等级表

强度 / (mm/d)	$Q < 10$	$10 \leq Q < 25$	$25 \leq Q < 50$	$50 \leq Q < 100$	$100 \leq Q$
降水等级	小雨	中雨	大雨	暴雨	大暴雨

1. 初始水头和降水参数

初始状态取左边水头为定水头 22 m，右边水头取定水头 -4 m 进行稳态分析，其初始状态孔隙水压力和体积函数率计算云图如图 3.14 和图 3.15 所

示。初始状态下使用摩根斯坦－普拉斯法计算锚固边坡初始状态下的稳定性
系数如图 3.16 所示。

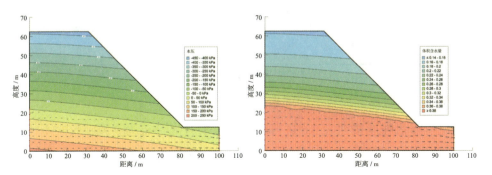

图 3.14　初始状态孔隙水压力云图　　　图 3.15　初始状态体积含水率云图

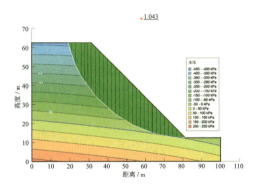

图 3.16　初始状态边坡稳定性计算结果

2. 降水强度的影响

戚国庆（2004）研究了降水诱发滑坡的机理，研究表明当累计降水量在
50～100 mm，同时降水强度达到 150 mm/d 以上时，会发生小型浅层滑坡；
当累计降水量在 150 mm 以上，降水强度大于 100 mm/d 时，会发生中等规模
的岩土滑坡；当一次暴雨过程累计降水量在 250～300 mm 以上，降水强度大
于 150 mm/d 时，会发生大型滑坡。结合表 3.5 中国气象局关于降水强度等级
的划分，按照表 3.6 选取降水强度进行渗流分析和边坡稳定性的耦合计算，分
析降水强度对边坡稳定性的影响规律。

表3.6　Geostudio数值分析降水强度参数

模型参数	参数取值						
降水强度 / (mm/d)	25	50	100	160	200	240	280

相同降水时间，分析不同降水强度下边坡孔隙水压力和稳定性系数的变化情况。降水强度按照表 3.6 进行取值。降水时间都定为 5 天，观察不同降水强度条件下，边坡孔隙水压力和稳定性系数的变化情况。其变化情况如图 3.17 所示。

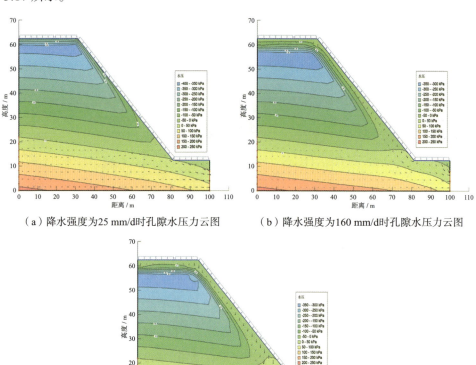

（a）降水强度为25 mm/d时孔隙水压力云图　　（b）降水强度为160 mm/d时孔隙水压力云图

（c）降水强度为280 mm/d时孔隙水压力云图

图3.17　边坡孔隙水压力及稳定性系数随降水强度的变化

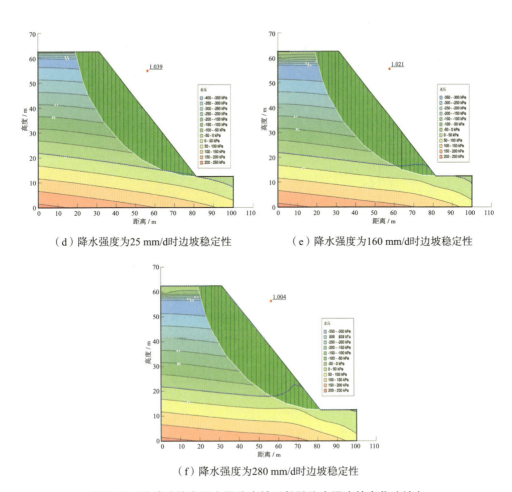

（d）降水强度为25 mm/d时边坡稳定性　　　　（e）降水强度为160 mm/d时边坡稳定性

（f）降水强度为280 mm/d时边坡稳定性

图 3.17　边坡孔隙水压力及稳定性系数随降水强度的变化（续）

由图 3.17 可知在相同的降水时间条件下，随着降水强度的增加，坡表的雨水入渗会更多，靠近坡表位置处的负孔隙水压力逐渐减小。靠近坡表位置处的岩土体的体积含水率也不断增加并最终达到饱和含水率。随着降水强度的增加，边坡的稳定性系数在逐渐减小。降水强度和边坡稳定性的关系曲线如图 3.18 所示。进行拟合得到降水强度和边坡稳定性系数之间的数学模型如式（3.4）所示。

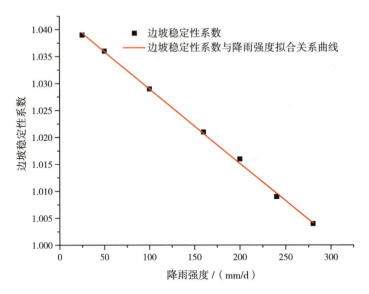

图 3.18　降水强度与锚固岩体边坡稳定性系数关系曲线

$$y=1.042\,8-1.381\times 10^{-4}x \qquad (3.4)$$

拟合优度 R^2=0.998 7。

3. 降水时间的影响

研究（谭万沛 等，1994）表明，滑坡与降水量之间存在一定的滞后性且滞后时间一般在 4 天以内，且有 45.45% 的滑坡是由历时为一天的降水引发的。前三天降水导致滑坡发生的数量占总数量的 90%。因此本节选取降水时间为 5 天进行分析研究。

当降水强度为 25 mm/d 时，计算 5 天孔隙水压力和边坡稳定性系数的变化情况，如图 3.19 所示。

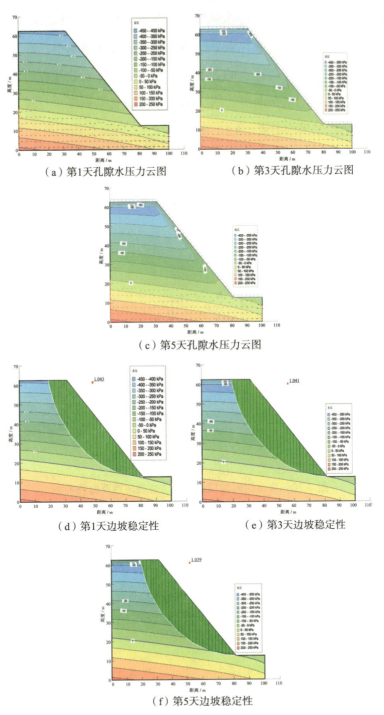

（a）第1天孔隙水压力云图　　　　（b）第3天孔隙水压力云图

（c）第5天孔隙水压力云图

（d）第1天边坡稳定性　　　　　（e）第3天边坡稳定性

（f）第5天边坡稳定性

图3.19　边坡孔隙水压力和稳定性系数随降水时间的变化

由图 3.19 可知，在相同降水强度的条件下随着降水时间的增加，坡表的雨水会逐渐入渗，靠近坡表位置处的负孔隙水压力逐渐减小，岩土体的体积含水率在不断增加。随着降水的入渗，边坡的稳定性系数在逐渐减小。降水时间和边坡稳定性的关系曲线如图 3.20 所示。拟合得到降水时间和边坡稳定性系数之间的数学模型如式（3.5）所示。

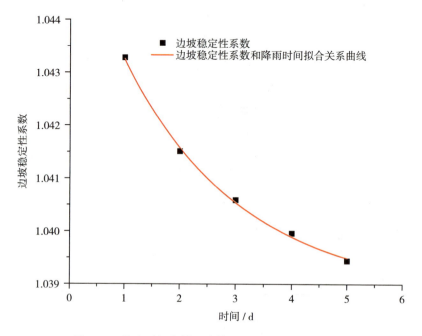

图 3.20　降水时间和锚固岩体边坡稳定性系数关系图

$$y=1.038\,8+0.007\,1e^{-0.473\,8x} \tag{3.5}$$

拟合优度 R^2=0.998 4。

3.3.2　地下水

地下水会对岩体产生静水压力，同时孔隙水压力也有不同，进而影响到边坡的稳定性。选取地下水位高程和锚固边坡高程的比值作为自变量，分析地下水发育对锚固边坡的稳定性系数的影响规律。选取的地下水位与坡高的比值如表 3.7 所示。

表3.7　地下水位与坡高的比值取值表

模型参数	参数取值							
地下水位与边坡高度的比值（β）	0.2	0.3	0.4	0.5	0.6	0.7	0.8	0.9

　　分析计算结果如图 3.21 所示，图中 β 为地下水水头高程和锚固边坡高程的比值。

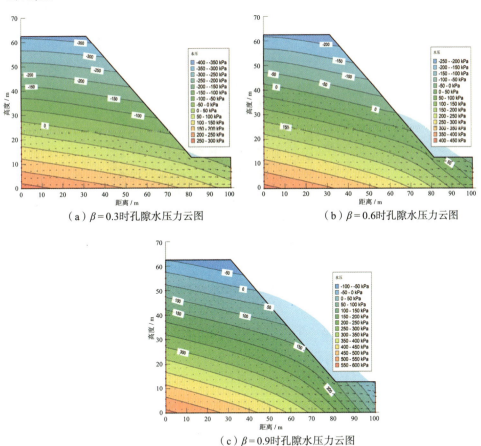

（a）$\beta=0.3$时孔隙水压力云图　　　　（b）$\beta=0.6$时孔隙水压力云图

（c）$\beta=0.9$时孔隙水压力云图

图 3.21　边坡孔隙水压力及稳定性系数随地下水发育情况的变化

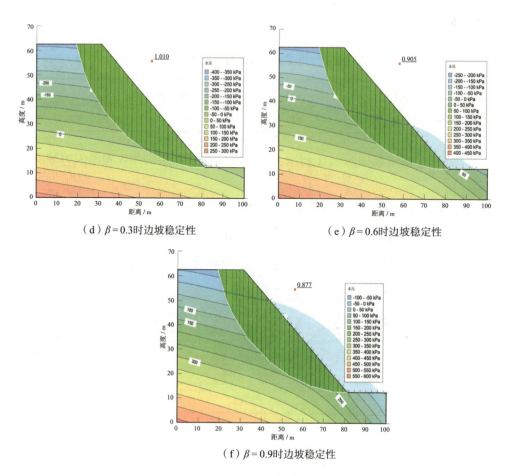

（d）β=0.3时边坡稳定性　　　　　　　（e）β=0.6时边坡稳定性

（f）β=0.9时边坡稳定性

图 3.21　边坡孔隙水压力及稳定性系数随地下水发育情况的变化（续）

　　边坡稳定性系数与地下水位发育情况的关系如图 3.22 所示。拟合得到边坡稳定性系数和地下水高程与边坡高度比值之间的数学关系式为

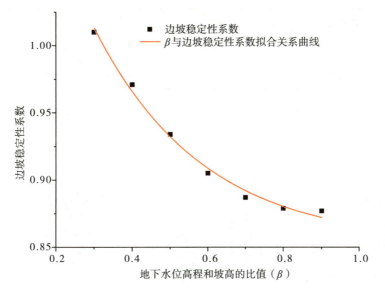

图 3.22 地下水发育情况与锚固岩体边坡稳定性系数关系曲线

$$y=0.852\ 6+0.46\mathrm{e}^{-3.514\ 1x} \tag{3.6}$$

拟合优度 R^2=0.993 3。

由图 3.22 和公式（3.6）可知，随着 β 的增加，锚固边坡稳定性系数呈现出指数形式的减少。

3.3.3　地震

针对偶然因素本节分析了地震作用对岩体边坡稳定性的影响，目前有多种分析方法研究地震对边坡稳定性的影响，包括时程分析法、Newmark 滑块分析法和拟静力分析法。根据《水利水电工程边坡设计规范》（中华人民共和国水利部，2007）的规定，采用拟静力法研究地震对于边坡稳定性的影响。水平地震系数取值情况如表 3.8 所示。

表3.8　地震烈度和水平地震系数对照表

地震基本烈度	7 度		8 度		9 度
地震峰值加速度	0.1g	0.15g	0.2g	0.3g	0.4g
综合水平地震系数	0.025	0.038	0.05	0.075	0.1

在 SLOPE/W 平台上输入水平地震系数。输入的综合水平地震系数如表 3.8 所示。计算结果如图 3.23 所示。

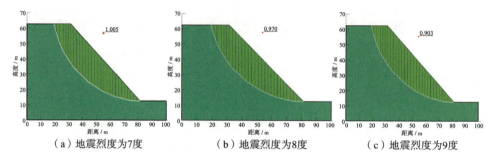

（a）地震烈度为7度　　　（b）地震烈度为8度　　　（c）地震烈度为9度

图 3.23　地震对于锚固岩体边坡稳定性的影响

地震峰值加速度与锚固边坡稳定性系数的关系曲线如图 3.24 所示。进行数据拟合，得到地震峰值加速度和边坡稳定性系数的关系如式（3.7）所示。

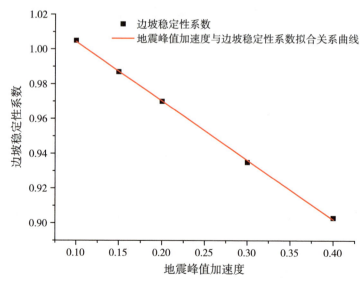

图 3.24　地震峰值加速度与锚固岩体边坡稳定性系数关系曲线

$$y=1.038\ 3-0.340\ 5x \tag{3.7}$$

拟合优度 R^2=0.999 6。

由图 3.24 和公式（3.7）可知，随着地震峰值加速度的增加，锚固边坡稳定性系数呈现出线性减少的趋势。

3.4　岩体条件对岩体边坡锚固结构体系安全性的影响

岩体条件对岩体边坡锚固结构体系安全性有重要影响，本节从结构面和岩体性质两个方面，分析岩体条件对岩体边坡锚固结构体系安全性的影响。在结构面影响因素方面，主要包含其抗剪强度、连通率、岩层倾角和楔形体结构面夹角。在岩体性质方面，主要分析其抗剪强度。

3.4.1 结构面抗剪强度参数

通过改变数值模型岩层层面的抗剪强度参数，分析结构面抗剪强度参数对锚固岩体边坡稳定性的影响。结构面的抗剪强度参数取值如表 3.9 所示。

表3.9　结构面抗剪强度参数取值表

模型参数	参数取值					
结构面黏聚力 / kPa	100	200	300	400	500	600
结构面内摩擦角 / (°)	18	20	30	40	50	60

锚固岩体边坡稳定性在不同黏聚力条件下的计算分析结果如图 3.25 所示。锚固岩体边坡在不同内摩擦角条件下的计算分析结果如图 3.26 所示。

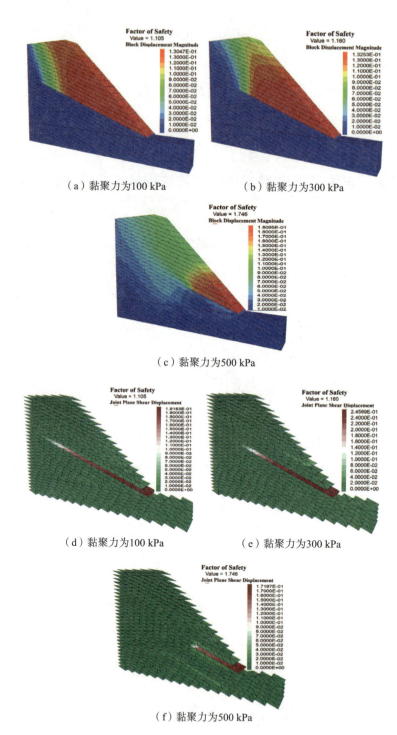

（a）黏聚力为100 kPa　　　（b）黏聚力为300 kPa

（c）黏聚力为500 kPa

（d）黏聚力为100 kPa　　　（e）黏聚力为300 kPa

（f）黏聚力为500 kPa

图 3.25　不同黏聚力的锚固岩体边坡计算结果图

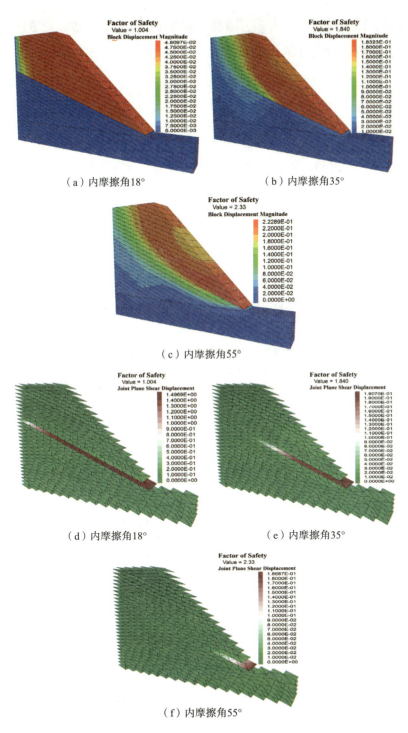

（a）内摩擦角18°

（b）内摩擦角35°

（c）内摩擦角55°

（d）内摩擦角18°

（e）内摩擦角35°

（f）内摩擦角55°

图 3.26 不同内摩擦角条件下锚固岩体边坡分析计算结果

由图 3.25（a）~（c）可知，随着层面黏聚力的降低，边坡稳定性系数明显降低，而且边坡的位移大小和位移范围也显著增加。由图 3.25（d）~（f）可知，随着层面黏聚力的降低，层面的位移大小显著增加。同时层面的位移范围也在增加。由图 3.26（a）~（c）可知，随着层面内摩擦角的降低，边坡稳定性系数明显降低，而且边坡的位移大小和位移范围也显著增加。由图 3.26（d）~（f）可知，随着层面内摩擦角的降低，层面的位移大小显著增加，同时层面的位移范围也在增加。

锚固边坡稳定性系数与结构面抗剪强度参数的关系如图 3.27 和图 3.28 所示，对数据进行拟合得到结构面黏聚力与锚固岩体边坡稳定性系数之间的数学关系模型如式（3.8）所示。结构面内摩擦角与锚固岩体边坡稳定性系数之间的数学模型如式（3.9）所示。

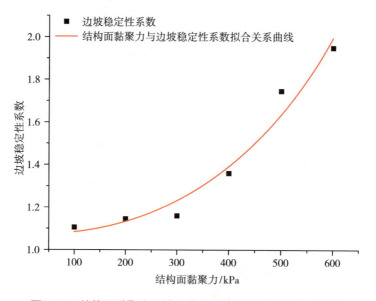

图 3.27　结构面黏聚力和锚固岩体边坡稳定性系数关系曲线

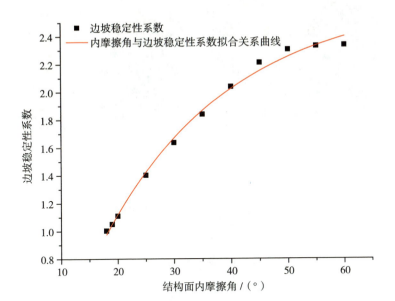

图 3.28　结构面内摩擦角和锚固岩体边坡稳定性系数关系曲线

$$y = e^{0.075\,1 - 1.382\,3 \times 10^{-7}x + 1.939\,2 \times 10^{-12}x^2} \qquad (3.8)$$

拟合优度 $R^2 = 0.966\,4$。

$$y = 2.661\,6 - 3.739\,1e^{-0.044\,25x} \qquad (3.9)$$

拟合优度 $R^2 = 0.995\,2$。

3.4.2　结构面的连通率

锚固岩体边坡结构面连通率不同的条件下的稳定性计算结果如图 3.29 所示。

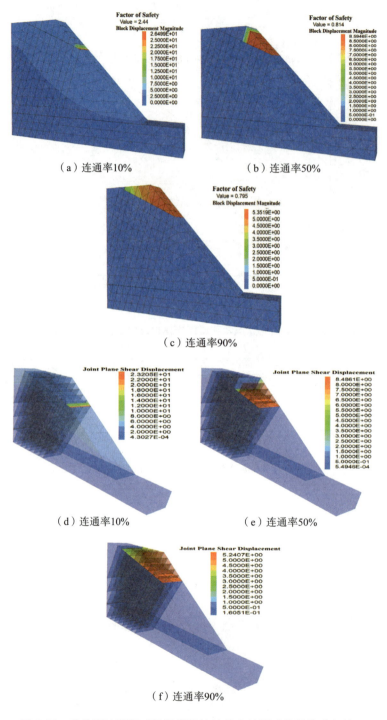

（a）连通率10%　　　　　　（b）连通率50%

（c）连通率90%

（d）连通率10%　　　　　　（e）连通率50%

（f）连通率90%

图 3.29　结构面连通率对锚固岩体边坡稳定性影响的数值分析结果

由图 3.29（a）~（c）可知，随着主要结构面连通率的增加，边坡的稳定性系数呈现出显著的下降趋势。随着连通率的提高，块体滑动的范围增加，位移的大小显著降低。由图 3.29（d）~（f）可知，随着主要结构面连通率的增加，结构面的剪切位移呈现降低趋势。

锚固岩体边坡稳定性系数与结构面连通率的关系如图 3.30 所示，对数据进行拟合得到结构面连通率与锚固岩体边坡稳定性系数之间的数学模型如式（3.10）所示。

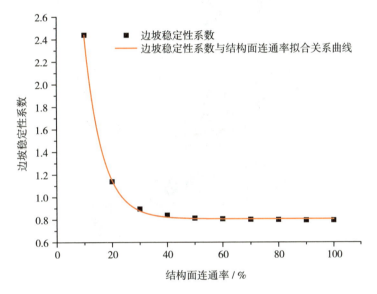

图 3.30　结构面连通率和锚固岩体边坡稳定性系数关系曲线

$$y=0.805\ 9+7.747\ 4\times0.855\ 8^{x} \tag{3.10}$$

拟合优度 R^2=0.999 5。

3.4.3　岩层倾角

顺倾岩体边坡在不同岩层倾角条件下，锚固岩体边坡稳定性系数分析结果如图 3.31 所示。

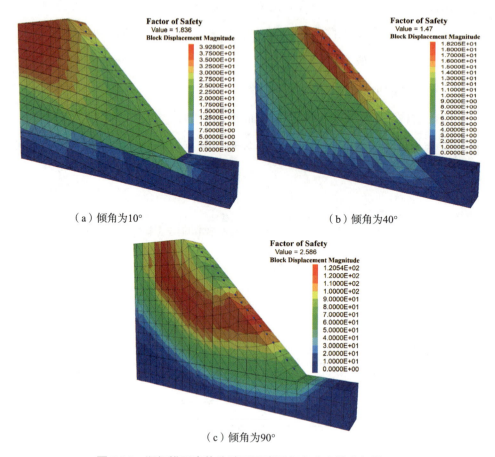

（a）倾角为10°   （b）倾角为40°

（c）倾角为90°

图 3.31　顺倾锚固岩体边坡不同岩层倾角稳定性分析结果

　　由图 3.31 可知，顺倾锚固岩体边坡随着岩层倾角的增加边坡稳定性系数呈现出先减小后增大的趋势。破坏的模式由位移云图可以看出随着倾角的变化，从一开始即倾角很小（10°）时，后缘推着前缘发生倾倒破坏，倾角为50°时呈现出坡表的岩层发生平面滑动破坏形式，当倾角达到90°时呈现出圆弧滑动的特征。

　　反倾锚固岩体边坡在不同岩层倾角条件下，边坡稳定性分析结果如图3.32 所示。

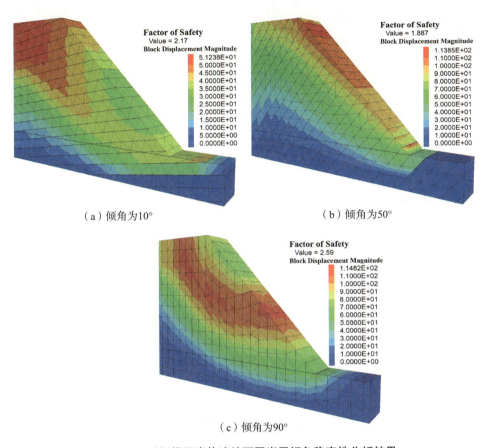

（a）倾角为10°　　　　　　　　　　　（b）倾角为50°

（c）倾角为90°

图 3.32　反倾锚固岩体边坡不同岩层倾角稳定性分析结果

由图 3.32（a）~（c）可知，随着岩层倾角的增加，锚固岩体边坡呈现出先减小后增大的特征。破坏的模式由位移云图可以看出随着倾角的变化，从一开始即倾角为 10° 时，后缘推着前缘发生倾倒破坏，倾角为 50° 时呈现出坡表的岩层发生弯曲倾倒后剪断然后发生滑动破坏，当倾角达到 90° 时又呈现出圆弧滑动的特征。

顺倾锚固岩体边坡的稳定性系数与岩层倾角的关系如图 3.33 所示，反倾锚固岩体边坡的稳定性系数与岩层倾角的关系如图 3.34 所示，对数据进行拟合得到岩层倾角与锚固岩体边坡稳定性系数之间的数学模型，式（3.11）为顺倾边坡岩层倾角和锚固岩体边坡稳定性系数的数学关系模型，式（3.12）为反倾边坡岩层倾角和锚固岩体边坡稳定性系数关系模型。

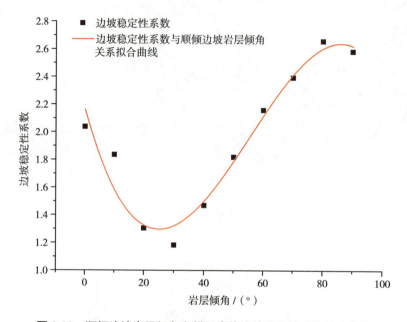

图 3.33　顺倾边坡岩层倾角和锚固岩体边坡稳定性系数关系曲线

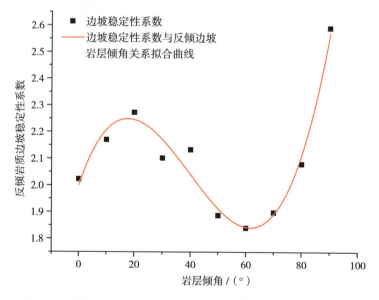

图 3.34　反倾边坡岩层倾角和锚固岩体边坡稳定性系数关系曲线

$$y=2.163-0.076\,6x+0.002x^2-1.188\,2\times10^{-5}x^3 \qquad （3.11）$$

拟合优度 R^2=0.955 5。

$$y=2.002\,1+0.031\,1x-0.001\,1x^2+9.571\,3\times10^{-6}x^3 \qquad （3.12）$$

拟合优度 R^2=0.958 0。

3.4.4　岩体抗剪强度参数

本节研究了岩体抗剪强度参数对锚固岩体边坡稳定性的影响。分析结果如图 3.35 所示。

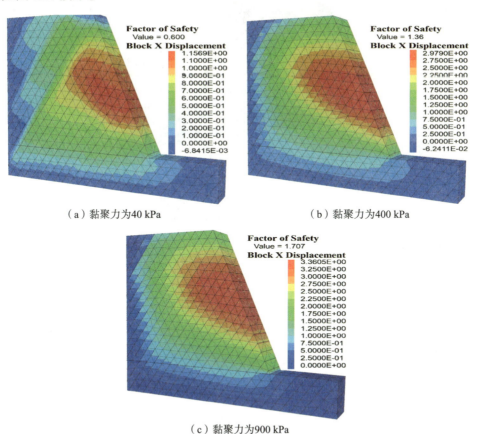

（a）黏聚力为40 kPa　　　　　　　　　　（b）黏聚力为400 kPa

（c）黏聚力为900 kPa

图 3.35　不同岩体抗剪强度参数稳定性分析结果

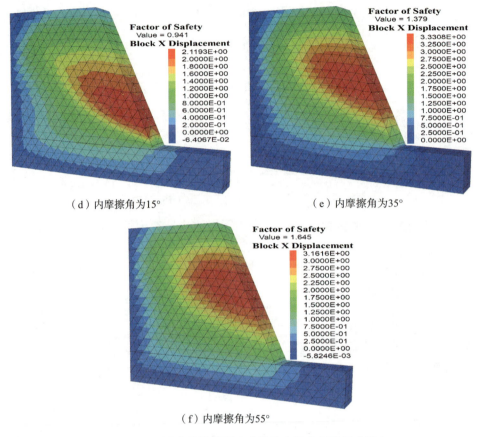

（d）内摩擦角为15°　　　　　　（e）内摩擦角为35°

（f）内摩擦角为55°

图 3.35　不同岩体抗剪强度参数稳定性分析结果（续）

由图 3.35 可知，随着岩体黏聚力和内摩擦角的提高，锚固边坡的稳定性系数呈现出显著增加的特征。随着岩体黏聚力的提高，锚固岩体边坡失稳时的破坏范围和位移量都呈现出增加的趋势。

岩体黏聚力和内摩擦角与锚固岩体边坡的稳定性系数的关系分别如图 3.36 和图 3.37 所示，对数据进行拟合得到岩体黏聚力和岩体内摩擦角与锚固岩体边坡稳定性系数之间的数学模型分别如式（3.13）和式（3.14）所示。

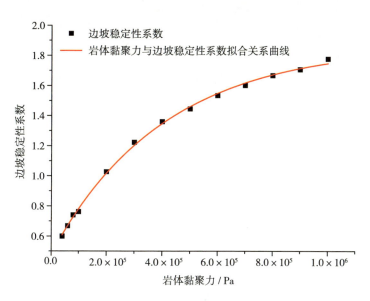

图 3.36　岩体黏聚力与锚固岩体边坡稳定性系数关系曲线

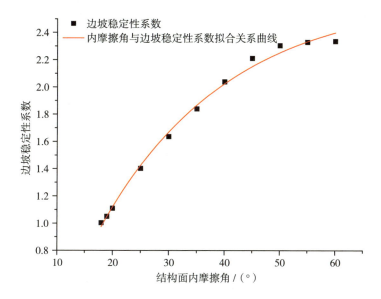

图 3.37　岩体内摩擦角与锚固岩体边坡稳定性系数关系曲线

$$y=1.866\ 1-1.388\ 5e^{-2.462\ 7\times10^{-6}x} \tag{3.13}$$

拟合优度 R^2=0.998 7。

$$y=1.799\ 7\times\left(1-e^{-0.043\ 2x}\right) \tag{3.14}$$

拟合优度 R^2=0.979 7。

3.4.5　楔形体结构面夹角

针对楔形体破坏模式，选取两个结构面的夹角的角度进行分析研究。分析结果如图 3.38 所示。

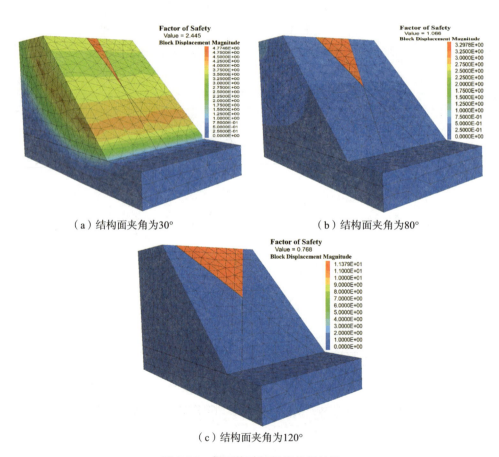

（a）结构面夹角为30°　　　　　　（b）结构面夹角为80°

（c）结构面夹角为120°

图 3.38　楔形体破坏数值分析结果

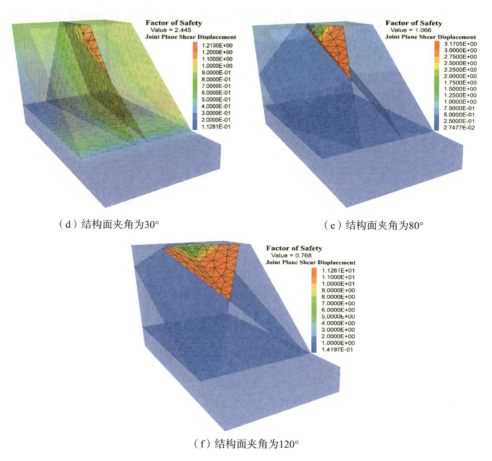

（d）结构面夹角为30°　　　　　　　　　　（e）结构面夹角为80°

（f）结构面夹角为120°

图 3.38　楔形体破坏数值分析结果（续）

　　由图 3.38（a）~（c）可知，随着楔形体两个结构面间夹角的增大，锚固岩体边坡的稳定性系数显著降低。最大位移量呈现出增加的趋势。如图 3.38（a）所示，当夹角较小时，边坡的破坏模式呈现出圆弧形滑动。随着结构面夹角的增加，如图 3.38（b）和（c）所示，边坡的破坏模式变为楔形体滑动破坏。由图 3.38（d）~（f）可知，随着结构面角度的增加，结构面上的剪切位移呈现出增大的趋势，即楔形体沿着结构面发生显著的剪切滑动，结构面发生剪切破坏最终导致边坡发生楔形体滑动破坏。

发生楔形体破坏的锚固岩体边坡，其结构面间的夹角与边坡稳定性系数之间的关系如图 3.39 所示，对数据进行拟合得到锚固岩体边坡稳定性系数与结构面间夹角的数学关系模型如式（3.15）所示。

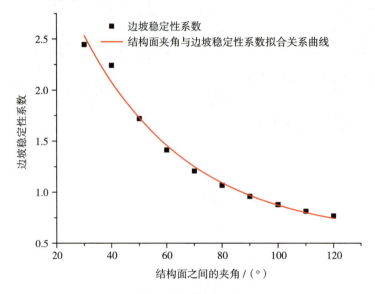

图 3.39　结构面之间夹角与锚固岩体边坡稳定性系数关系曲线

$$y=0.556\,4+4.328\,8\times0.974\,2^{x} \tag{3.15}$$

拟合优度 $R^2=0.987\,6$。

 3.5　锚固结构参数对岩体边坡锚固结构体系安全性的影响

国内外已经发生了多起由于锚固结构失效导致岩体边坡锚固结构体系整体失效的案例（张志亮，2008）。本节开展了锚索结构参数对于锚固岩体边坡稳定性的影响研究，选取了 5 个方面的因素进行单因素分析研究，分别是强度储备系数、注浆饱和度、腐蚀程度、预应力损失率和锚索（杆）与岩体之间的黏结强度。

3.5.1　强度储备系数

将锚索（杆）极限承载力与锚索（杆）实测轴力的比值定义为锚索（杆）材料的强度储备系数，该指标可以反映锚索（杆）结构超限的安全风险。《水工预应力锚固技术规范》（中华人民共和国水利部，2020）对于锚束结构设计的具体规定及条文解释：预应力锚杆（索）设计时，在设计张拉力作用下，钢材强度的利用系数宜为 0.60 ~ 0.65。

本节研究通过改变锚索材料的强度储备系数，进行数值计算研究。不同强度储备系数条件下锚固岩体边坡的稳定性分析结果如图 3.40 ~图 3.42 所示。

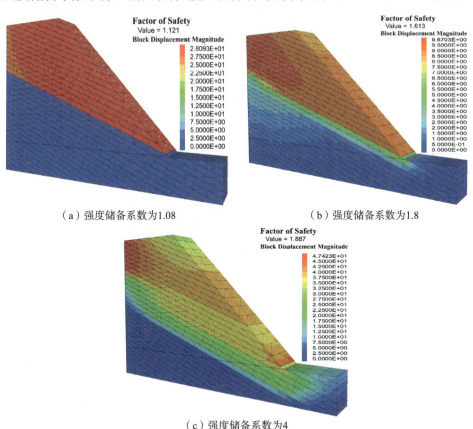

（a）强度储备系数为1.08　　　　　　（b）强度储备系数为1.8

（c）强度储备系数为4

图 3.40　锚索强度储备系数对锚固岩体边坡稳定性影响数值分析结果

由图 3.40（a）~（c）可知，随着强度系数的增加，锚固岩体边坡的稳定性系数显著增加，其破坏时滑动面的范围也更加深入，范围也更大。由图 3.40（c）可知，锚固岩体边坡的滑动面在基岩的上方坡体内部，随着强度系数的增加，滑动面逐渐深入基岩，破坏的范围也更大。

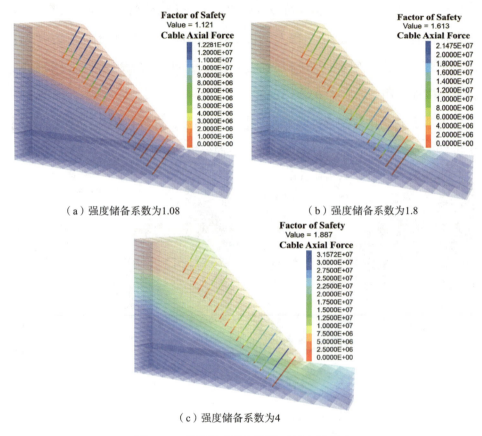

（a）强度储备系数为1.08　　　　　　（b）强度储备系数为1.8

（c）强度储备系数为4

图 3.41　锚索强度储备系数对轴力的影响

由图 3.41 可知，随着强度储备系数的增加，锚固岩体边坡的稳定性在增加，边坡发生破坏时锚索自由端的轴力值也随着锚索强度储备系数的增大，而增大。同时锚索的失效数量随着强度储备系数的增加而减少。

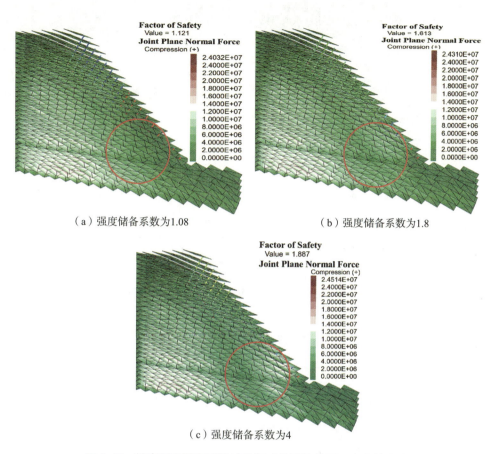

（a）强度储备系数为1.08　　　　　　　　（b）强度储备系数为1.8

（c）强度储备系数为4

图 3.42　锚索强度储备系数对破坏时锚固结构面正应力的影响

图 3.42 中圆圈的部分是强度储备系数对结构面显著影响的区域。由图 3.42 可知，随着锚索强度储备系数的增加，坡脚位置处的结构面的正应力有比较明显的增加。结构面的正应力的增加可以有效提高结构面的抗剪切破坏能力，因此整个锚固岩体边坡表现出随着锚索强度储备系数的增加，边坡的稳定性也显著增加。

锚索强度储备系数与边坡稳定性系数之间的关系如图 3.43 所示，对数据进行拟合得到锚固岩体边坡稳定性系数与锚索强度储备系数的数学关系模型如式（3.16）所示。

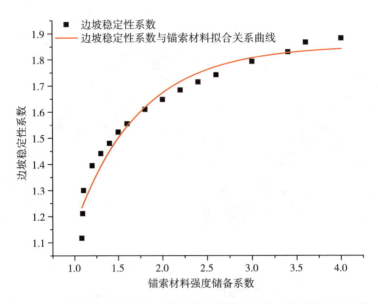

图 3.43 锚索材料强度储备系数与锚固岩体边坡稳定性系数关系曲线

$$y=-2.647\,5\mathrm{e}^{\left(\frac{-x}{0.7443\,6}\right)}+1.854\,9 \qquad (3.16)$$

拟合优度 R^2=0.961 2。

由图 3.43 可知，锚索强度储备系数对于边坡稳定性的影响在一开始的时候即强度储备系数在 1 ~ 2 之间的时候对于边坡稳定性的提高有显著的影响，后期随着锚索强度储备系数的增加曲线趋于水平即锚索强度储备系数对于边坡稳定性的影响很小。因此在进行岩体边坡锚固设计时不宜设计过高的安全储备系数，因为这会造成经济上浪费的同时，对于边坡稳定性的提升却微乎其微。

3.5.2 注浆饱和度

在锚索（杆）施工过程中，由于施工或者岩层性质的影响，可能会产生锚索（杆）结构锚固段注浆的饱和程度达不到 100%，即锚固段的注浆体未能全部与岩层发生黏结，直接影响着锚索（杆）锚固段的承载力，从而影响到整根预应力锚索（杆）的安全性，最终影响到整个锚固岩体边坡的稳定性。
本节研究了注浆体饱和度对锚固岩体边坡稳定性的影响规律。边坡稳定性系
数随着锚索注浆体饱和度的变化情况如图 3.44 所示。

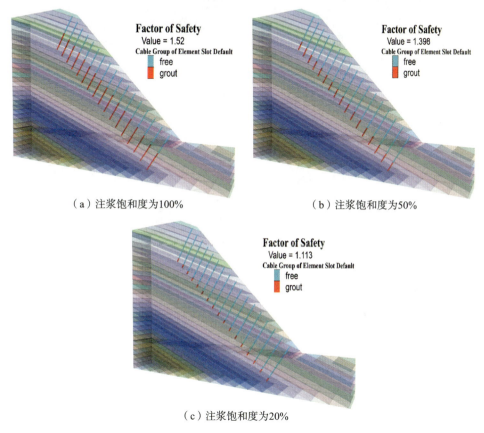

（a）注浆饱和度为100%　　　　　　　　　（b）注浆饱和度为50%

（c）注浆饱和度为20%

图 3.44　注浆体饱和度对锚固岩体边坡稳定性的影响

由图 3.44 可知锚索注浆饱和度对锚固边坡稳定性有影响，随着注浆饱和
度的减少锚固岩体边坡的稳定性也在减小。

在锚固岩体边坡发生失稳时，不同注浆体饱和度的锚索锚固段注浆体的
屈服状态及轴力分布情况如图 3.45 所示。

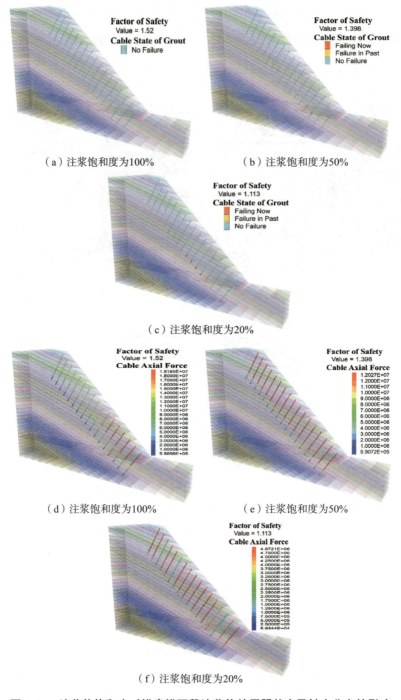

（a）注浆饱和度为100%　　　　　　　　（b）注浆饱和度为50%

（c）注浆饱和度为20%

（d）注浆饱和度为100%　　　　　　　　（e）注浆饱和度为50%

（f）注浆饱和度为20%

图 3.45　注浆体饱和度对锚索锚固段注浆体的屈服状态及轴力分布的影响

由图 3.45 可知，随着注浆体饱和度的减少，锚固段注浆体从图 3.45（a）的未发生破坏到图 3.45（b）的部分发生屈服破坏到图 3.45（c）的锚固段完全屈服破坏。由图 3.45（d）~（f）可知，随着注浆饱和度的减少锚索的轴力也在减少。

锚索注浆体的饱和度影响到锚固段的承载力，进而间接影响到锚固岩体边坡主要结构面的正应力。图 3.46 所示为不同注浆体饱和度下，锚索结构对锚固岩体边坡结构面正应力的影响规律。

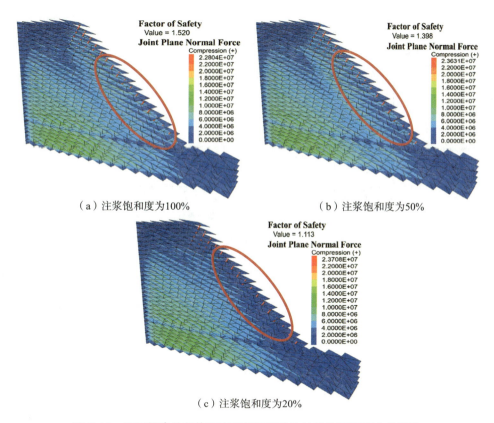

（a）注浆饱和度为100%   （b）注浆饱和度为50%

（c）注浆饱和度为20%

图 3.46 不同锚索注浆饱和度对锚固岩体边坡结构面正应力的影响

图 3.46 中圆圈标出的部分是锚固结构对岩层正应力影响明显的部位，由图 3.46（a）~（c）可知，随着锚索注浆饱和度的减少，锚固岩体边坡的结构面的正应力显著减少。结构面正应力的减少会导致结构面抗剪强度的降低，

进而使得整个锚固岩体边坡的稳定性降低。

　　锚索注浆体饱和度与边坡稳定性系数之间的关系如图 3.47 所示，对数据进行拟合得到边坡稳定性系数与锚索注浆饱和度的数学关系模型如式（3.17）所示。

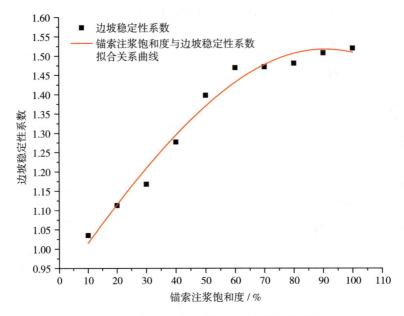

图 3.47　注浆饱和度与锚固岩体边坡稳定性系数关系曲线

$$y = \mathrm{e}^{-0.091\,4 + 0.011\,2x - 6.185\,5 \times 10^{-5}x^2} \tag{3.17}$$

拟合优度 $R^2 = 0.981\,3$。

3.5.3　锚索（杆）腐蚀程度

　　锚索（杆）腐蚀率对于锚固岩体边坡体系安全性的影响，既有研究（罗小勇 等，2008）表明，钢绞线腐蚀会对钢绞线的弹性模量和极限屈服强度有显著影响。把试件的极限荷载与其公称面积之比称为锈蚀钢筋的名义极限强度。名义极限强度显然小于钢绞线未锈蚀时的极限强度。从宏观上看，名义极限强度下降的原因主要有二：一是钢绞线锈蚀后有效截面面积减小，从而使其所能抵抗的拉力减小；二是锈蚀钢绞线的表面凹凸不平，受力以后出现严重的应力集中使其抗拉强度进一步减小。

1. 锈蚀对钢绞线力学性能的影响

罗小勇等（2008）通过试验研究了腐蚀对锚索力学性能的影响，锈蚀率对于锚索极限强度的影响规律如图 3.48 所示。图 3.48 中曲线 1 是极限强度相对值，即同组试验中发生锈蚀的钢绞线的极限强度与无锈蚀钢绞线极限强度的比值。

将发生锈蚀的钢绞线的弹性模量和同组试验中无锈蚀的钢绞线的弹性模量求比值可得到弹性模量相对值和锈蚀率的关系，如图 3.49 所示。

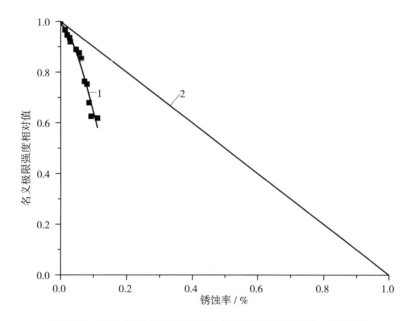

图 3.48　不同锈蚀率下极限强度相对值（罗小勇 等，2008）

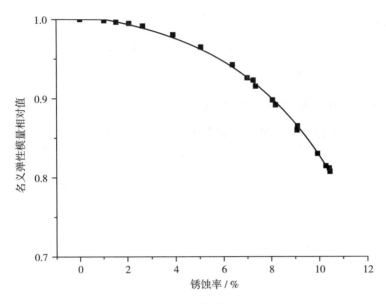

图3.49　不同锈蚀率下钢绞线名义弹性模量相对值（罗小勇 等，2008）

对数据进行拟合，可得锈蚀的钢绞线的极限强度与无锈蚀钢绞线极限强度的比值的计算公式如式（3.18）所示，弹性模量比值的计算公式如式（3.19）所示。

$$f_{\mathrm{ptk},\,\eta}\big/f_{\mathrm{ptk}}=1-8.422\eta^{1.351} \tag{3.18}$$

式中：f_{ptk}为无锈蚀钢绞线极限强度。

$$E_{\mathrm{s},\,\eta}\big/E_{\mathrm{s}}=1-0.000\,75\eta^{2.366} \tag{3.19}$$

式中：$E_{\mathrm{s},\,\eta}$为不同锈蚀率η条件下锈蚀钢绞线的弹性模量；E_{s}为未锈蚀钢绞线弹性模量。

2. 锚索锈蚀对锚固岩体边坡稳定性的影响

将锚索的极限荷载和弹性模量按照式（3.18）和式（3.19）进行取值。通过数值模拟分析的方法分析锚索锈蚀率对锚固岩体边坡稳定性的影响规律。边坡稳定性分析结果和锚固岩体边坡发生破坏时锚索的破坏状态如图3.50所示。

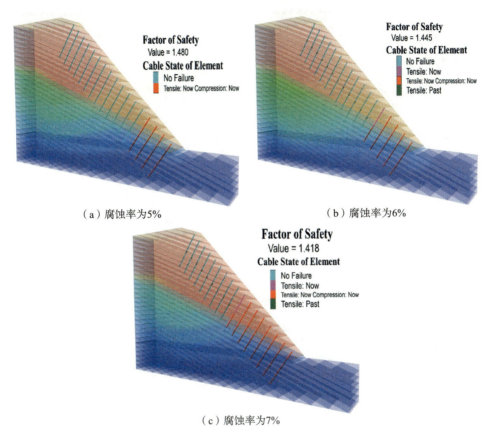

（a）腐蚀率为5%　　　　　　　　　　（b）腐蚀率为6%

（c）腐蚀率为7%

图 3.50　锚索腐蚀率对锚固岩体边坡稳定性影响数值分析结果

由图 3.50 可知，随着锚索腐蚀率的升高，锚固岩体边坡的稳定性系数显著减少。随着锚索腐蚀率的增加，锚固岩体边坡在发生破坏时锚索索体发生破坏的数量也在显著增加，从图 3.50（a）所示的 4 根坡脚位置处的锚索发生屈服破坏发展到图 3.50（c）所示的 8 根锚索发生屈服破坏。

锚索腐蚀率会对锚索的最大轴力产生影响，如图 3.51 所示为锚固岩体边坡发生破坏时锚索的轴力分布情况。

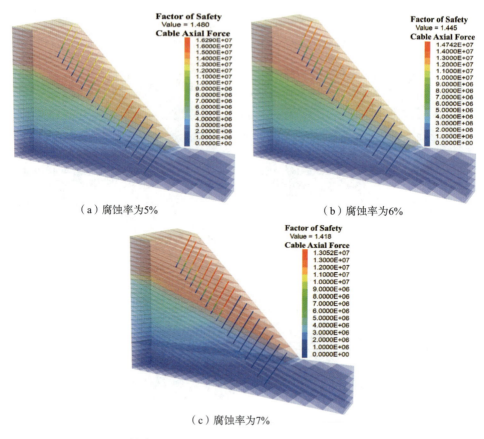

（a）腐蚀率为5%　　　　　　　　（b）腐蚀率为6%

（c）腐蚀率为7%

图 3.51　锚索腐蚀率对锚固岩体边坡破坏时的锚索轴力的影响

由图 3.51 可知，随着锚索腐蚀率的增加，锚固岩体边坡在发生破坏时的锚索最大轴力在减小。这也是导致锚固岩体边坡稳定性系数减小的原因。同时锚索的屈服数量在增加。

锚索腐蚀率的增加会间接影响到锚固岩体边坡主要结构面的正应力。图 3.52 所示为不同腐蚀率的锚索结构对锚固岩体边坡正应力的影响规律。

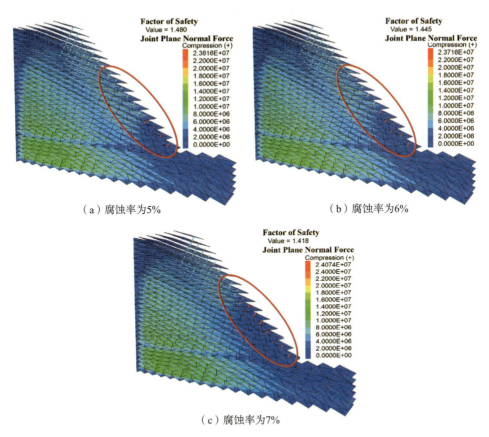

（a）腐蚀率为5%　　　　　　　　　　　（b）腐蚀率为6%

（c）腐蚀率为7%

图 3.52　锚索腐蚀率对锚固岩体边坡结构面正应力的影响

图 3.52 中圆圈标出的部分是锚固结构对岩层正应力影响明显的部位。由图 3.52（a）~（c）可知，随着锚索腐蚀率的增加，锚固岩体边坡坡脚位置处的结构面的正应力显著减少。结构面正应力的减少会导致结构面抗剪强度的降低，进而使得整个锚固岩体边坡的稳定性降低。

锚索腐蚀率与边坡稳定性系数之间的关系如图 3.53 所示，对数据进行拟合得到锚固岩体边坡稳定性系数与锚索腐蚀率的数学关系模型如式（3.20）所示。

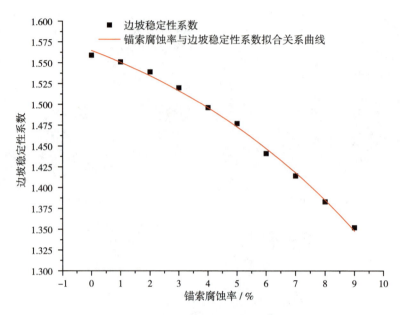

图 3.53　锚索腐蚀率和锚固岩体边坡稳定性系数关系曲线

$$y=1.677\ 5-0.112\ 8e^{0.119\ 2x} \qquad (3.20)$$

拟合优度 $R^2=0.996\ 7$。

3.5.4　预应力损失率

锚固结构的预应力损失会对边坡的稳定性产生较大影响。本节研究了预应力损失对锚固岩体边坡稳定性系数的影响规律。锚固岩体边坡稳定性分析结果如图 3.54 所示。

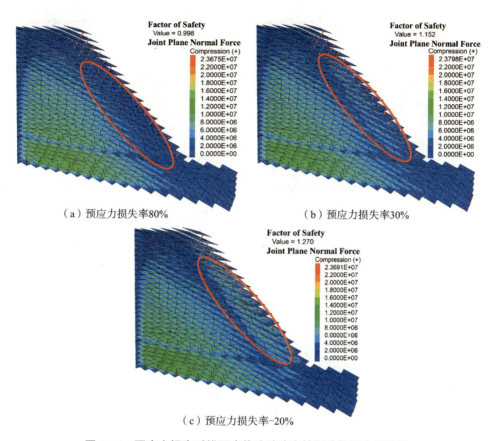

（a）预应力损失率80%　　　　　　（b）预应力损失率30%

（c）预应力损失率-20%

图 3.54　预应力损失对锚固岩体边坡稳定性影响数值分析结果

由图 3.54 可知，随着锚索预应力损失率的降低，锚固岩体边坡的稳定性系数显著增加。图 3.54 中圆圈标出的部分是锚固结构对岩层正应力影响较大的部位，由图 3.54（a）~（c）可知，随着锚固结构预应力损失率的降低岩体层面间的正应力显著增加。这也是导致锚固岩体边坡稳定性系数提高的原因。

对比分析了锚索预应力损失对发生失稳时锚索轴力的影响，结果如图 3.55 所示。

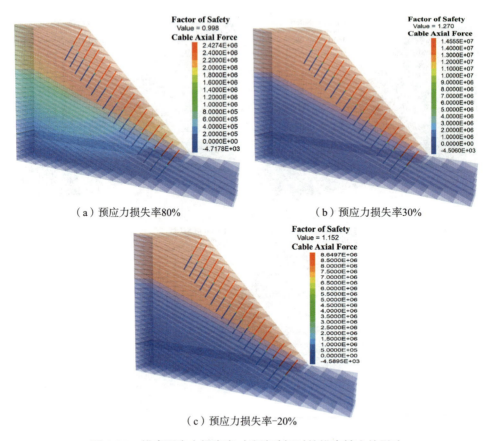

（a）预应力损失率80%　　　　　（b）预应力损失率30%

（c）预应力损失率-20%

图 3.55　锚索预应力损失率对边坡破坏时的锚索轴力的影响

由图 3.55 可知，随着预应力损失率的降低，锚固岩体边坡发生破坏时锚索轴力呈现出明显的增加趋势。

对比分析了锚索预应力损失对发生失稳时边坡位移的影响，结果如图 3.56 所示。

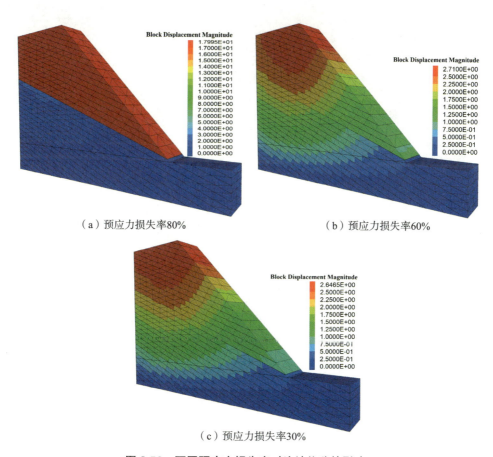

（a）预应力损失率80%　　　　　　　（b）预应力损失率60%

（c）预应力损失率30%

图 3.56　不同预应力损失率对边坡位移的影响

　　由图 3.56 可知，随着边坡预应力损失率的减少，锚固岩体边坡从图 3.56
（a）的不稳定到图 3.56（b）和图 3.56（c）的稳定，其坡表位移随着预应力
损失率的减少而减少。

　　预应力损失率与边坡稳定性系数之间的关系如图 3.57 所示，对数据进
行拟合，得到边坡稳定性系数与预应力损失率的数学关系模型如式（3.21）
所示。

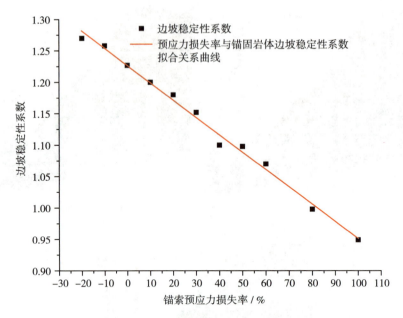

图 3.57　锚索预应力损失率和锚固岩体边坡稳定性系数关系曲线

$$y=1.226\ 6-0.002\ 8x \qquad (3.21)$$

拟合优度 $R^2=0.992\ 7$。

3.5.5　锚索与岩体之间的黏结强度

1. 数值模拟

在 3DEC 数值分析软件中用注浆体的抗剪强度代表了两类接触面的破坏，增大注浆体的黏聚力会提高两类接触面的抗剪强度。本节研究了注浆体黏聚力对锚固岩体边坡稳定性的影响。

不同注浆体黏聚力条件下锚固岩体边坡稳定性分析结果及注浆体的破坏状态如图 3.58 所示。

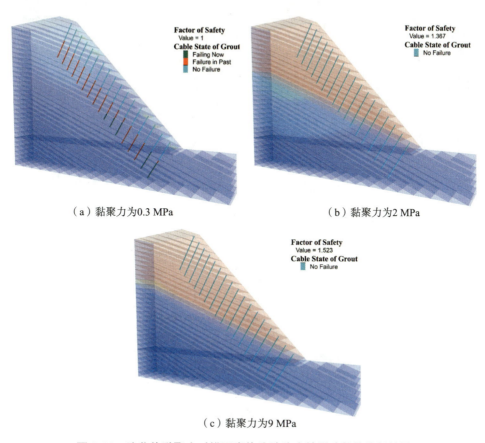

（a）黏聚力为0.3 MPa   （b）黏聚力为2 MPa

（c）黏聚力为9 MPa

图 3.58 注浆体黏聚力对锚固岩体边坡稳定性影响数值分析结果

由图 3.58 可知，随着注浆体黏聚力的增加锚固岩体边坡的稳定性系数显著增加。同时，当锚索注浆体的黏聚力较小时，如图 3.58（a）所示，其注浆体发生了破坏进而使得整个锚固岩体边坡的稳定性系数较低。当黏聚力增加时，锚索的注浆体未发生破坏，如图 3.58（b）和（c）所示。

不同黏聚力条件下，锚索注浆体剪应力分布如图 3.59 所示。

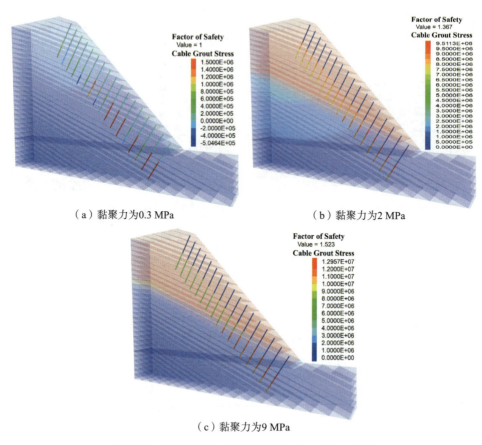

（a）黏聚力为0.3 MPa　　　　　　　　　（b）黏聚力为2 MPa

（c）黏聚力为9 MPa

图 3.59　不同黏聚力条件下注浆体剪应力分布云图

由图 3.59 可知，随着黏聚力的增加，注浆体在临界破坏时承受的剪切应力在增加。因此黏聚力较大的锚固结构可以给锚固边坡提供更高的锚固力。这也是出现黏聚力越大锚固岩体边坡的稳定性系数越大的原因。

不同注浆体黏聚力条件下，主要结构面正应力分布情况如图 3.60 所示。

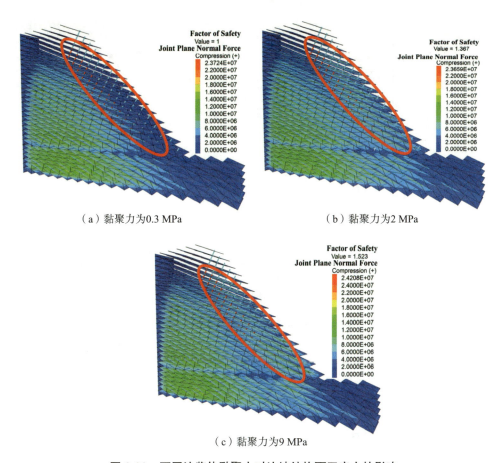

（a）黏聚力为0.3 MPa　　　　　　　　（b）黏聚力为2 MPa

（c）黏聚力为9 MPa

图 3.60　不同注浆体黏聚力对边坡结构面正应力的影响

由图 3.60 可知，随着注浆体黏聚力的增加，岩体发生破坏时锚固岩体边坡结构面的正应力在增加。图 3.60 中圆圈范围是锚固结构对结构面正应力影响较大的部位。随着黏聚力的增加，锚固岩体边坡在破坏时其结构面的正应力也在逐渐增加。基于摩尔库仑强度准则，正应力的增加会使得结构面的抗剪强度增加，这也是锚索注浆体黏聚力的增加使得整个锚固岩体边坡稳定性增加的原因之一。

锚索注浆体黏聚力与边坡稳定性系数之间的关系如图 3.61 所示，对数据进行拟合得到边坡稳定性系数与锚索注浆体黏聚力的数学关系模型如式（3.22）所示。

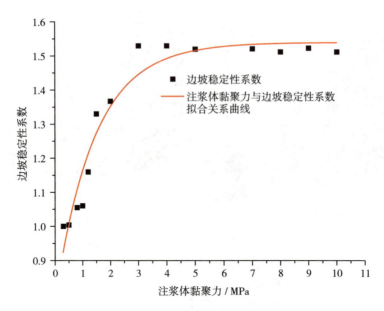

图 3.61　锚索注浆体黏聚力和锚固边坡稳定性系数关系曲线

$$y=1.539\ 9-0.563\ 6e^{\frac{0.428\ 2-x}{1.446\ 2}}\qquad（3.22）$$

拟合优度 $R^2=0.950\ 0$。

2. 既有研究和规范

注浆体与岩体的黏结强度对于岩体边坡锚固结构体系的安全性有显著关系。基于韩军等（2005）对于锚杆注浆体与岩体之间黏结强度的研究可知岩石种类及单轴抗压强度和注浆体和岩体间黏结强度对应关系如表 3.10 所示。基于水利水电工程边坡设计规范（中华人民共和国水利部，2007）可知，水泥浆、水泥砂浆与岩石之间的黏结强度取值如表 3.11 所示。

表3.10　锚杆灌浆体与岩体间黏结强度建议值（韩军 等，2005）

岩石种类	岩石单轴饱和抗压强度 /MPa	锚杆体－岩石间黏结强度标准 / MPa
坚硬	＞ 60	1.5 ~ 2.8
中硬岩	30 ~ 60	1.0 ~ 1.5
软岩	＜ 30	0.3 ~ 1.0

表3.11　水泥浆、水泥砂浆与岩石之间的黏结强度（中华人民共和国水利部，2007）

岩石类别	岩石单轴饱和抗压强度 / MPa	黏结强度 / MPa
硬岩	＞ 60	1.5 ~ 3.0
中硬岩	30 ~ 60	1.0 ~ 1.5
软岩	15 ~ 30	0.8 ~ 1.0
较软岩	5 ~ 15	0.3 ~ 0.8
极软岩	＜ 5	＜ 0.3

3. 现场试验

通过开展原位直接剪切试验研究了岩体类别等级、节理结构和岩性对于混凝土与岩体接触面的抗剪强度的影响（Xia et al.，2024）研究结果如表 3.12 所示。

表3.12　玄武岩岩体与混凝土接触面原位直接剪切试验结果汇总表

岩石类别等级	节理结构	岩　性	内摩擦角 / (°)	黏聚力 / MPa
Ⅱ 1	非柱状节理玄武岩	隐晶质玄武岩	1.295	1.994 7
		杏仁状玄武岩	1.046 3	2.648
		隐晶质和杏仁状玄武岩	1.212 1	2.211 8
Ⅲ 1	柱状节理玄武岩	柱状节理玄武岩	1.253	1.920 2
		角砾熔岩	1.272 9	1.674 4
	非柱状节理玄武岩	杏仁状玄武岩	0.9	1.625
		角砾熔岩和杏仁状玄武岩	1.210 8	1.666 2
Ⅲ 2	柱状节理玄武岩	柱状节理玄武岩	1.235 0	1.863 7
		隐晶质玄武岩	0.901 5	1.632 4
	非柱状节理玄武岩	角砾熔岩	1.085 9	2.060 9
		隐晶质玄武岩和角砾熔岩	1.012 1	1.889 5

由表 3.12 可知，岩体的节理、岩性和岩体类别等级对接触面的抗剪强度有显著影响，柱状节理玄武岩与混凝土接触面的抗剪强度大于非柱状节理玄武岩与混凝土接触面的抗剪强度。在相同岩石类型等级条件下，不同岩性玄武岩－混凝土黏结界面的抗剪强度存在显著差异。非柱状节理玄武岩－混凝土黏结界面的抗剪强度随岩石类型等级的增加而增加。

 ## 3.6　本章小结

本章以边坡几何条件、水文气象、偶然因素、岩体条件和锚固结构参数 5 个方面的因素作为研究对象，通过数值模拟、统计分析等方法探究了岩体边坡锚固结构体系长期安全性的影响因素，分析了这些影响因素对于岩体边坡锚固结构体系安全性的影响规律。获得以下主要结论。

第一，边坡几何条件、水文气象、偶然因素、岩体条件和锚固结构参数这 5 方面的因素都会对岩体边坡的锚固结构体系的安全性产生显著影响。得到了这些因素对于锚固结构体系安全性的影响规律，这些影响因素对于锚固边坡安全性的影响大都是非线性的，呈现出指数函数形式。

第二，岩性、岩体类别等级、岩体结构特征和单轴抗压强度都会对锚固结构与岩体之间接触面的黏结强度产生显著影响。随着单轴抗压强度的增加，岩体类别等级的提高，接触面的黏结强度也会显著增加。

第4章 岩体边坡锚固结构体系长期安全性评价指标体系

第3章通过数值模拟、数据拟合等方法研究了岩体边坡锚固结构体系长期安全性的影响因素及这些影响因素对于岩体边坡锚固结构体系长期安全性的影响规律。本章在确定影响因素和影响规律的基础上构建出岩体边坡锚固结构体系长期安全性评价的指标体系。通过构建评价指标的层次分析结构，进行指标分类，确定连续型指标和定性指标的分级标准，将层次分析结构和指标体系相结合建立了岩体边坡锚固结构体系长期安全性评价的指标体系。

4.1 指标体系层次分析结构

统计学中把指标定义为表明总体数量特征的一个概念（陈建宏，2013），整体的多方面的特征通过既相对单独又相互联系的不同的指标来表现（汪新宇，2007），这些指标就构成了指标体系。

4.1.1 既有指标体系的层次分析结构

目前，针对边坡稳定性评价的指标体系：黄建文等（2007）提出的包含 3 个层次 4 个方面（分别是工程地质特征、地形地貌特征、水文气象特征和其他因素特征）12 个指标组成的边坡稳定性评价指标体系，如图 4.1 所示；王新民等（2013）提出的包含 3 个层次 3 个方面（分别是岩体条件、环境条件和工程条件）13 个指标的边坡稳定性评价指标体系，如图 4.2 所示。

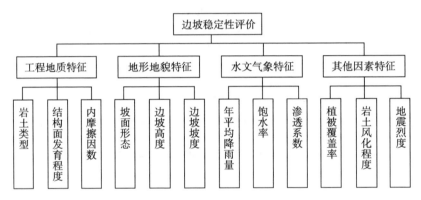

图 4.1　边坡稳定性评价指标层次分析（黄建文 等，2007）

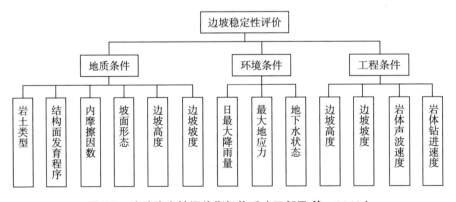

图 4.2　边坡稳定性评价指标体系（王新民 等，2013）

针对锚固结构黎慧珊等（2019）提出了包含 3 个方面（分别是外锚头、自由段和内锚固段）7 个指标的评价指标体系，如图 4.3 所示。

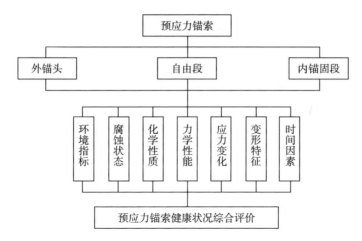

图 4.3　预应力锚索健康评价指标体系（黎慧珊 等，2019）

4.1.2　构建岩体边坡锚固结构体系的层次分析结构

通过 4.1.1 节中的总结可以发现，岩体边坡稳定性评价指标体系和预应力锚索健康状况评价指标体系的层级分析结构都是三层次结构。针对岩体边坡锚固结构体系的特征，构建了包含准则层、项目层和指标层三个层次的岩体边坡锚固结构指标体系层次分析结构如图 4.4 所示。

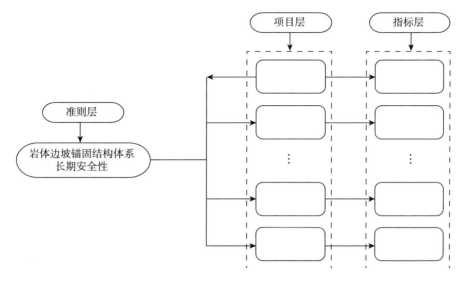

图 4.4　初步构建锚固岩体边坡安全性评价指标体系

4.2 指标筛选

水电工程中锚固岩质边坡的影响因素众多，影响机理复杂，失效模式各异。因此，评价指标的选择也存在显著差异。选择合适指标对于整个岩体边坡锚固结构体系的安全性评价至关重要。本节基于既有研究筛选出 5 个类别24 个指标作为初选的评价指标，构建岩体边坡锚固结构体系长期安全性评价指标层次分析结构。

4.2.1 指标初选

由于在指标选取的过程中受到主观因素的影响较大，不同研究人员选取的指标也不尽相同。王新民等（2013）选取了边坡高度、边坡角度、黏聚力、内摩擦角、岩体结构特征等 13 个因素作为评价边坡稳定性的指标因素；丁丽宏（2011）选取了坡高、日最大降水量、黏聚力、岩体完整性等 7 个因素；王述红等（2016）选取了黏聚力、内摩擦角、边坡角度、抗震烈度等 5 个因素；张旭等（2018）选取了坡高、坡度、地下水侵蚀、软弱结构面与断层的关系等 13 个因素作为评价指标。基于第 3 章研究、既有规范（中华人民共和国水利部，2007）、文献（王新民 等，2013；丁丽宏，2011；王述红 等，2016；张旭 等，2018；肖海平，2019）梳理并且选出 36 个影响岩体边坡锚固结构体系长期安全性的指标，如表 4.1 所示。

表4.1　岩体边坡锚固结构体系长期安全性评价初选指标

岩体边坡锚固结构体系长期安全性评价指标			
岩体边坡高度	岩体黏聚力	孤石或悬空岩块分布	地震
岩体边坡角度	岩体内摩擦角	岩性	强度储备系数
岩体基本质量级别	楔形体结构面夹角	排水系统	外观状况
结构面连通率	反倾岩层结构面倾角	降水强度	注浆饱和度
结构面黏聚力	顺倾岩层结构面倾角	降水时间	腐蚀率
结构面内摩擦角	岩体风化程度	地下水发育	预应力损失率
岩体声波速度	河岸冲刷	岩石容重	冲沟发育
节理（破碎程度）	坡顶荷载	坡角冲刷特征	地表水
断裂密度	河流影响距离	弹性模量	地应力

4.2.2　指标筛选

　　基于指标选取的 5 项原则，目的性原则、可操作性原则、层次性原则、完备性兼顾代表性原则和可观测性原则。从初步选择的指标中（如表 4.1 所示）进行指标筛选。基于勘察资料和现场的野外调查可以看出锚固岩质边坡可能发生的病害中具有以下几个特征：岩土体风化程度高、存在不利结构面、边坡高陡、多和水相关、锚固体注浆充足以及锚固结构会发生不同情况的损伤破坏等情况。选取 24 个指标作为岩体边坡锚固结构体系长期安全性评价指标及获取方式如表 4.2 所示。其中降水时间、腐蚀率、外观状况、岩体风化程度是与时间相关的指标，降水时间直接体现了降水的累计时间对于岩体边坡锚固结构体系长期安全性的影响，腐蚀率、外观状况以及岩体风化程度是间接包含了时间因素。

表4.2 岩体边坡锚固结构体系长期安全性评价初选指标结构及评价等级汇总表

准则层	项目层	指标层	单位或者评价等级	获取方式
锚固岩体边坡长期安全性	边坡几何特征	岩体边坡高度	m	测绘
		岩体边坡角度	°	测绘
	水文气象	排水系统	优、良、中、差、极差	勘察
		历史日最大降水量	mm	监测
		降水时间	d	监测
		地下水发育	地下水位和坡高的比值	监测
	岩体状况	岩体基本质量级别	Ⅰ、Ⅱ、Ⅲ、Ⅳ、Ⅴ	试验
		结构面连通率	%	勘察
		结构面黏聚力	kPa	试验
		结构面内摩擦角	°	试验
		岩体黏聚力	kPa	试验
		岩体内摩擦角	°	试验
		楔形结构面夹角	°	勘察
		反倾岩层倾角	°	勘察
		顺倾岩层倾角	°	勘察
		风化程度	未、微、中、强、全风化	勘察
		孤石或悬空岩块分布		勘察
		岩性	硬、中硬、软、较软、极软	试验
	偶然因素	地震	Ⅰ、Ⅱ、Ⅲ、Ⅳ、Ⅴ	监测
	锚固结构特征	强度储备系数	%	设计
		外观状况	Ⅰ、Ⅱ、Ⅲ、Ⅳ、Ⅴ	勘察
		注浆饱和度	%	试验
		腐蚀率	%	试验
		预应力损失率	%	试验

结合 4.1.1 节中构建的三层次分析结构，构建岩体边坡锚固结构体系长期安全性指标层次结构如图 4.5 所示。

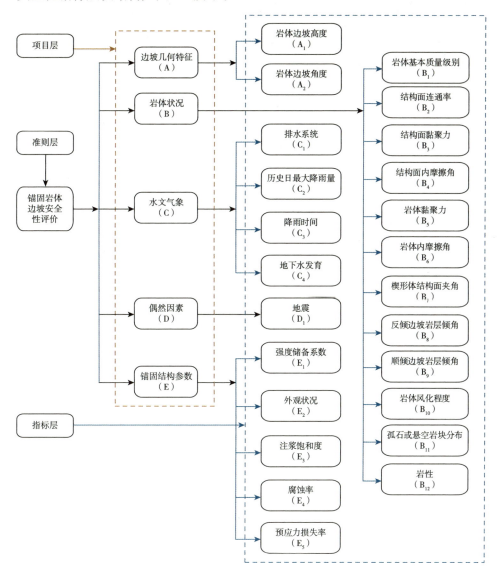

图 4.5　岩体边坡锚固结构体系长期安全性评价指标层次结构

岩体边坡的破坏模式不同，所要考虑的指标也有所不同。图 4.6 为不同破坏模式下岩体边坡锚固结构体系长期安全性评价指标层次分析结构。

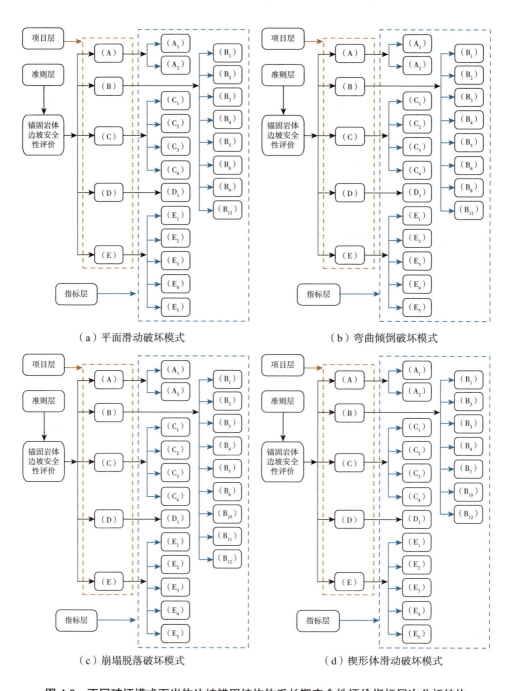

（a）平面滑动破坏模式　　　　　　　　（b）弯曲倾倒破坏模式

（c）崩塌脱落破坏模式　　　　　　　　（d）楔形体滑动破坏模式

图 4.6　不同破坏模式下岩体边坡锚固结构体系长期安全性评价指标层次分析结构

4.3　分级标准

作为指标体系的重要组成部分，分级标准的确定直接关系着后期安全性评价的准确性。目前分级标准的确定很大程度依赖个人经验，没有进行定量的分析。常用的等宽离散法更是在假设指标对边坡安全性的影响是线性的条件下才可以成立。本节定性和定量两类指标分别开展了分级标准的研究，提出了一种基于锚固岩体边坡稳定性系数影响规律的连续型变量分级标准确定方法。

4.3.1　指标分类

定性指标和定量指标的分级标准确定方法不同，因此先对指标进行分类，确定定性指标和定量指标。指标分类情况如表 4.3 所示。

表4.3　指标分类汇总表

类　型	指　标		
定　性	排水系统	风化程度	岩性
	岩体基本质量级别	孤石或悬空岩块分布	外观状况
定　量	岩体边坡高度	岩体内摩擦角	地下水发育
	岩体边坡角度	楔形体结构面夹角	地震
	结构面连通率	反倾岩层结构面倾角	强度储备系数
	结构面黏聚力	顺倾岩层结构面倾角	注浆饱和度
	结构面内摩擦角	历史日最大降水量	腐蚀率
	岩体黏聚力	降水时间	预应力损失率

4.3.2 分级标准的确定

1. 定性指标分级标准的确定

定性指标以描述性条件作为分级标准，如表 4.4 所示。

表4.4 定性指标分级标准汇总表

指标名称	分级标准
排水系统	优、良、中、差、极差
岩体基本质量级别	Ⅰ、Ⅱ、Ⅲ、Ⅳ、Ⅴ
风化程度	未、微、中、强、全风化
孤石或悬空岩块分布	坡表没有松动的迹象、小的悬空岩块（0.01 m³＜体积＜1 m³）、坡表有个别处表面松动和小的悬空岩块、坡表有多处表面松动和小的悬空岩块、有可能脱落的悬空岩块（体积＞1 m³）
岩　性	硬岩、中硬岩、软岩、较软岩、极软岩
外观状况	Ⅰ、Ⅱ、Ⅲ、Ⅳ、Ⅴ

2. 定量指标分级标准的确定

根据既有规范（中华人民共和国水利部，2007）于岩体边坡的安全性等级分类，如表 4.5 所示，将水电站岩体边坡分为五个等级，并且给出了每种边坡等级的安全系数要求。本书也将指标分为五个等级。根据《水工预应力锚固技术规范》（SL/T 212—2020）（中华人民共和国水利部，2020）的规定，建议预应力锚索（杆）加固后的边坡稳定性安全系数，建议采用《水利水电工程边坡设计规范》（SL 386—2007）规定。

表4.5 岩体边坡稳定性分类表（中华人民共和国水利部，2007）

运用条件	边坡级别				
	1	2	3	4	5
正常运用条件	1.30 ~ 1.25	1.25 ~ 1.20	1.20 ~ 1.15	1.15 ~ 1.10	1.10 ~ 1.05
非常运用条件 I	1.25 ~ 1.20	1.20 ~ 1.15	1.15 ~ 1.10	1.10 ~ 1.05	
非常运用条件 II	1.15 ~ 1.10	1.10 ~ 1.05		1.05 ~ 1.00	

目前既有研究（谈小龙 等，2009）边坡稳定性评价指标体系中连续型指标的分级标准是基于等宽离散法，将数据从小到大划分为具有相同宽度的 n 个区间。还有一些专家是根据个人经验进行连续型数据分级标准的确定。

这种分级标准的确定方法使得各分级区间与边坡稳定性的对应关系并不明确。而且很大程度依赖个人经验，没有进行定量的分析。而使用等宽离散法更是在假设指标对边坡安全性的影响是线性的条件下才可以成立，基于第 2 章的研究成果可知，大部分影响因素对于边坡稳定性的影响并不是线性的。因此等宽离散法进行分级标准的确定是不合适的。

基于此，本节提出一种基于锚固岩体边坡稳定性系数影响规律的连续型变量分级标准确定方法。该指标分级标准确定方法是选取锚固岩体边坡的稳定性系数作为锚固岩体边坡安全性的重要指标。指标分级标准的确定方法是根据各指标对锚固岩体边坡稳定性系数的影响规律，该规律一般是以数据拟合的数学公式的形式表现。例如指标为锚固结构的强度储备系数，通过数值模拟分析的方法得出不同锚固结构强度储备系数条件下锚固岩体边坡的稳定性系数，再基于最小二乘法对数据进行拟合得到锚固结构强度储备系数与锚固岩体边坡稳定性系数的数学模型。典型指标的影响规律曲线及数学模型如图 4.7 所示。然后基于既有数据样本和文献总结确定指标的研究范围，基于指标范围和影响规律曲线确定稳定性系数的范围，基于需求对锚固岩体边坡的稳定性系数范围进行等宽划分确定各分级范围。最后基于稳定性系数的分级端点值和影响规律曲线反求出指标的分级标准值（区间端点值）。

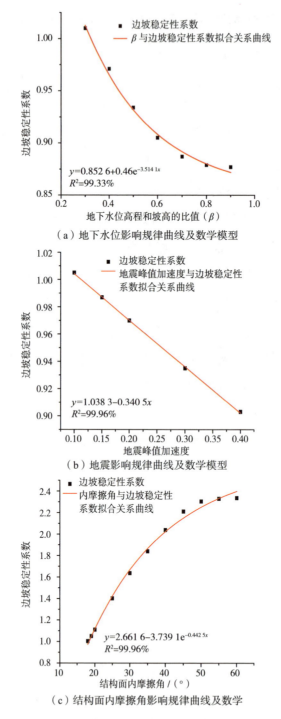

（a）地下水位影响规律曲线及数学模型

（b）地震影响规律曲线及数学模型

（c）结构面内摩擦角影响规律曲线及数学

图 4.7 典型影响规律曲线和数学模型

　　使用该方法既完成了连续型指标分级标准的确定，又使得指标的分级区间和锚固岩体边坡的稳定性等级呈现出一一对应的关系。具体的实现步骤如下。

　　步骤 1：基于离散元或者有限元等分析法在考虑锚固结构和岩体边坡相互作用的基础上，分析不同指标水平下锚固岩体边坡的稳定性系数。如图 4.8 所示为基于离散元数值模拟方法所得到的。

　　步骤 2：使用最小二乘法拟合、多项式拟合和正交拟合等方法，对步骤 1 中得到的数据进行拟合，得到各连续型指标对锚固岩体边坡稳定性系数的影响规律，如图 4.9 所示。

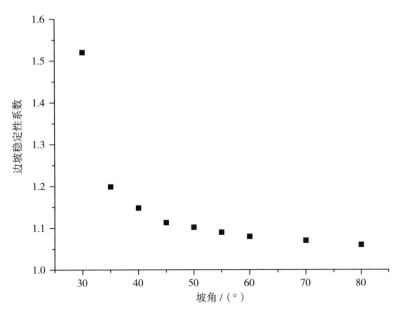

图 4.8　不同坡度条件下锚固岩体边坡稳定性系数分布图

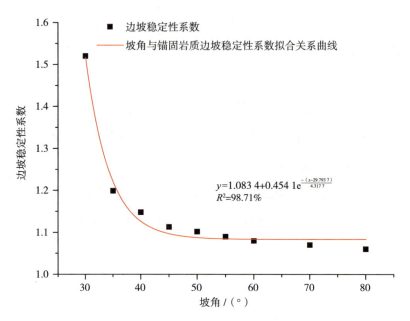

图 4.9 坡度与锚固岩体边坡稳定性系数拟合关系曲线及数学模型

步骤 3：基于拟定的研究指标的范围划分区间。首先确定研究指标的范围，再根据实际评价要求划分分级区间的数量。对于研究指标范围的确定要结合既有样本和相关文献进行拟定。例如对既有的文献进行总结分析大部分的边坡高度在 30 ~ 100 m，即锚固岩体边坡的高度指标的范围确定为 30 ~ 100。根据指标的研究范围，结合步骤 2 中确定的影响规律曲线，确定锚固岩体边坡稳定性系数的范围为 y_a ~ y_b，如图 4.10 所示。在稳定性系数范围内将稳定性系数根据需求划分为 5 个等级区间，划分后的五个区间分别对应锚固岩体边坡安全性的五个安全性等级，本小节以地下水发育情况指标作为例子说明该过程，如图 4.10 所示。

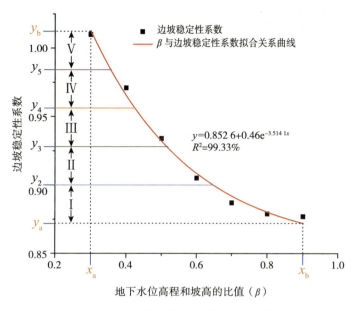

图 4.10　稳定性系数划分等级区间示意图

如图 4.10 所示基于确定的指标研究范围 $x_a \sim x_b$，确定锚固岩体边坡稳定性系数的研究范围 $y_a \sim y_b$。然后根据分析的需求确定研究范围 $y_a \sim y_b$ 的划分区间数，例如本书根据既有规范（中华人民共和国水利部，2007）将指标划分为 5 个等级，因此将锚固岩体边坡的稳定性等级基于等宽法划分为 5 个等级即 $y_a \sim y_2$，$y_2 \sim y_3$，$y_3 \sim y_4$，$y_4 \sim y_5$ 和 $y_5 \sim y_b$，在图 4.10 中分别对应罗马数字 I~V 五个等级。

步骤 4：基于步骤 3 确定的稳定性系数等级区间和步骤 2 中确定的数学模型公式反算出指标的分级标准值（区间端点），得出指标的分级标准和指标的分级区间如图 4.11 所示。

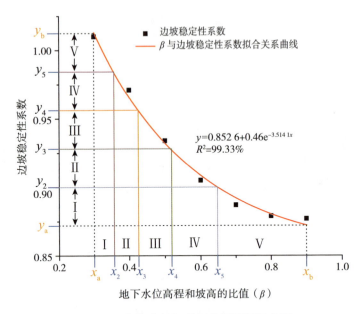

$$y=0.852\,6+0.46e^{-3.514\,1x}$$
$$R^2=99.33\%$$

图 4.11　指标分级标准及分级区间示意图

如图 4.11 所示，基于拟合的关系曲线和步骤（3）中划分的稳定性系数区间反算出对应指标的分级标准值（区间端点），即图 4.11 中所示的 x_2、x_3、x_4 和 x_5。结合指标的区间范围端点值 x_a 和 x_b。将指标研究范围划分为和锚固岩体边坡稳定性系数等级区间对应的五个区间如图 4.11 中所示的红色标准的罗马数字。

基于第 3 章的研究成果和基于锚固岩体边坡稳定性系数影响规律的连续型变量分级标准确定方法，对确定的连续型指标进行区间分级。

1）边坡几何条件

水电工程边坡坡高的范围大部分在 0 ~ 100 m。边坡的坡度范围在 0 ~ 80°。基于 3.2 节研究结果边坡高程和坡度与锚固岩体边坡稳定性系数的拟合关系曲线和数学模型如图 3.11 和图 3.13 所示。结合本节所述的连续型变量分级标准确定方法，进行连续型变量分级区间确定。分析结果如表 4.6 所示。

表4.6　锚固岩体边坡几何条件指标分级区间及对应安全性等级汇总表

指　标	等级区间	安全性等级	决策属性
锚固岩体边坡高程 / m	0 ~ 3	Ⅴ	安全
	3 ~ 7	Ⅳ	基本安全
	7 ~ 12	Ⅲ	潜在风险
	12 ~ 21	Ⅱ	不安全
	21 ~ 100	Ⅰ	极不安全
锚固岩体边坡坡角 / (°)	30 ~ 31	Ⅴ	安全
	31 ~ 32.2	Ⅳ	基本安全
	32.2 ~ 34	Ⅲ	潜在风险
	34 ~ 37	Ⅱ	不安全
	37 ~ 80	Ⅰ	极不安全

2）水文气象

吴仁铣（2013）通过统计分析表明，滑坡与降水量之间存在一定的滞后性，有 45.45% 的滑坡是由历时为一天的降水引发的。前三天降水导致滑坡发生的数量占总数量的 90%。因此本书确定的降水区间范围为 0 ~ 5 天。此外滑坡的发生与降水强度之间也存在显著关系，结合中国气象总局关于降水强度的划分（表 3.5）以及既有研究（王新民 等，2013），本书选取的降水强度范围是 0 ~ 150 mm/d。降水强度和时间与锚固岩体边坡稳定性系数的关系曲线如图 3.18 和图 3.20 所示。

除了研究降水的影响，地下水的发育情况也是边坡稳定性影响的重要因素，3.3.2 节研究了地下水水头与锚固岩体边坡的高度的比值作为地下水发育情况的定量指标与锚固岩体边坡稳定性系数的关系，其关系曲线如图 3.22 所示。结合本节提出的连续型变量分级标准确定方法，进行连续型变量分级区间确定。分析结果如表 4.7 所示。

表4.7　锚固岩体边坡水文气象、地震指标分级区间及对应安全性等级汇总表

指　标	等级区间	安全性等级	决策属性
降水时间 / d	0 ~ 0.4	V	安全
	0.4 ~ 0.9	IV	基本安全
	0.9 ~ 1.6	III	潜在风险
	1.6 ~ 2.7	II	不安全
	2.7 ~ 5	I	极不安全
降水强度 /（mm/d）	0 ~ 30	V	安全
	30 ~ 60	IV	基本安全
	60 ~ 90	III	潜在风险
	90 ~ 120	II	不安全
	120 ~ 150	I	极不安全
地下水发育情况（地下水水头和岩体边坡高程之比）	0 ~ 0.06	V	安全
	0.06 ~ 0.14	IV	基本安全
	0.14 ~ 0.24	III	潜在风险
	0.24 ~ 0.41	II	不安全
	0.41 ~ 0.9	I	极不安全

3）地震

本书采用地震峰值加速度作为衡量地震强度的指标，相比于单一的地震烈度更加精确。规范（中华人民共和国水利部，2007）用地震综合水平加速度系数来衡量地震对于岩体边坡稳定性的影响，如表3.8所示。3.3.3节研究结果显示地震对锚固岩体边坡稳定性系数的影响规律曲线如图3.24所示。

由图3.24可知，地震峰值加速度对于锚固岩体边坡稳定性系数的影响呈现线性规律。因此可以使用等宽法对地震峰值加速度值指标进行分级标准的确定。基于既有规范峰值加速度值的范围 $0.1g \sim 0.4g$，使用等宽法进行连续型变量分级区间确定。分析结果如表4.8所示。

表4.8 锚固岩体边坡地震峰值加速度分级区间及对应安全性等级汇总表

指　　标	等级区间	安全性等级	决策属性
地震峰值加速度	$0g \sim 0.08g$	V	安全
	$0.08g \sim 0.16g$	IV	基本安全
	$0.16g \sim 0.24g$	III	潜在风险
	$0.24g \sim 0.32g$	II	不安全
	$0.32g \sim 0.4g$	I	极不安全

4）岩体条件

基于第 3 章的研究，结构面的黏聚力和内摩擦角、岩体的黏聚力和内摩擦角、结构面连通率、反倾边坡岩层倾角、顺倾边坡岩层倾角和楔形体结构面夹角对锚固岩体边坡的稳定性有显著影响。基于《岩石力学参数手册》（水利水电科学研究院，1991），各指标的取值范围如表 4.9 所示。由 3.4 节研究结果可知，岩体条件对锚固岩体边坡稳定性系数的影响规律如图 3.25 ～图 3.39 所示。

表4.9 岩体条件指标取值范围

指标名称	取值范围
结构面黏聚力	$10 \sim 600$ kPa
结构面内摩擦角	$10° \sim 60°$
岩体黏聚力	$0 \sim 4\,000$ kPa
岩体内摩擦角	$10° \sim 70°$
结构面连通率	$10\% \sim 100\%$
顺倾边坡岩层倾角	$0° \sim 90°$
反倾边坡岩层倾角	$0° \sim 90°$
楔形体结构面夹角	$20° \sim 150°$

基于本节所述的连续型变量分级标准确定方法，进行连续型变量分级区间确定。岩体状态指标分级结果如表 4.10 所示。

表4.10　锚固岩体边坡岩体条件指标分级区间及对应安全性等级汇总表

指　标	等级区间	安全性等级	决策属性
结构面黏聚力 / kPa	0 ~ 322.41	I	极不安全
	322.41 ~ 425.77	II	不安全
	425.77 ~ 498.01	III	潜在风险
	498.01 ~ 554.1	IV	基本安全
	554.1 ~ 600	V	安全
结构面内摩擦角 / (°)	10 ~ 14.4	I	极不安全
	14.4 ~ 20	II	不安全
	20 ~ 27.3	III	潜在风险
	27.3 ~ 38.2	IV	基本安全
	38.2 ~ 60	V	安全
结构面连通率 / %	10 ~ 11.4	V	安全
	11.4 ~ 13.3	IV	基本安全
	13.3 ~ 15.9	III	潜在风险
	15.9 ~ 20.3	II	不安全
	20.3 ~ 100	I	极不安全
顺倾岩层倾角 / (°)	69.56 ~ 88* 88 ~ 90	V	安全
	60.35 ~ 69.56*	IV	基本安全
	51.87 ~ 60.35* 0 ~ 3.6	III	潜在风险
	42.65 ~ 51.87* 3.6 ~ 9.34	II	不安全
	24.68 ~ 42.65* 9.34 ~ 24.68	I	极不安全
反倾岩层倾角 / (°)	87.08 ~ 90*	V	安全
	83.68 ~ 87.08*	IV	基本安全
	79.49 ~ 83.68*	III	潜在风险
	73.75 ~ 79.49* 6.05 ~ 19* 19 ~ 35.13	II	不安全

指　标	等级区间	安全性等级	决策属性
岩体黏聚力 / kPa	0 ~ 90.6*	I	极不安全
	90.6 ~ 207.4*	II	不安全
	207.4 ~ 372*	III	潜在风险
	372 ~ 653.4*	IV	基本安全
	653.4 ~ 4000*	V	安全
岩体内摩擦角 / (°)	10 ~ 14.74*	I	极不安全
	14.74 ~ 20.7*	II	不安全
	20.7 ~ 28.75*	III	潜在风险
	28.75 ~ 41.19*	IV	基本安全
	41.19 ~ 70*	V	安全
楔形体结构面夹 / (°)	20 ~ 28.22	V	安全
	28.22 ~ 38.7	IV	基本安全
	38.7 ~ 53.18	III	潜在风险
	53.18 ~ 76.77	II	不安全
	76.77 ~ 150	I	极不安全

注：表中加 * 的数据为越大越优型数据，未加 * 的数据为越小越优型数据。

5）锚固结构参数

规范（中华人民共和国水利部，2007）对于锚束结构设计的具体规定及条文解释：预应力锚杆（索）设计时，在设计张拉力作用下，钢材强度的储备系数宜为 1.54 ~ 1.67。国内外的锚固工程都将锚束材料的抗拉强度标准值的 60% ~ 65% 作为锚束允许设计应力，本书选取强度储备系数的范围为 1 ~ 2。基于 3.5 节的研究，当注浆饱和度取 10% 时，锚固岩体边坡的稳定性系数为 1.01。本书选取注浆饱和度的研究范围为 10 ~ 100。基于既有研究（罗小勇 等，2008）和本书 3.5 节中锚索腐蚀率对锚索极限强度的影响规律，如 3.5 节式（3.19）所示。可知当腐蚀率达到 15% 时，其极限强度减小为原极限强度的 35%。基于腐蚀率对锚固岩体边坡稳定性系数影响规律的数学模型公式

（3.20），当腐蚀率取 15% 时安全性系数为 1.0。因此本书选取的锚索（杆）腐蚀率的研究区间为 0 ～ 15。

基于 3.5 节研究结果可知，锚固结构参数指标对锚固岩体边坡稳定性系数的影响规律曲线和数学关系模型如图 3.43、图 3.47、图 3.53 和图 3.57 所示。结合本节提出的连续型指标分级标准确定方法得到锚固结构参数指标分级标准如表 4.11 所示。

表4.11　锚固结构参数指标分级区间及对应安全性等级汇总表

指　　标	等级区间	安全性等级	决策属性
锚索（杆）材料强度储备系数	1 ～ 1.15*	Ⅰ	极不安全
	1.15 ～ 1.35*	Ⅱ	不安全
	1.35 ～ 1.61*	Ⅲ	潜在风险
	1.61 ～ 2.02*	Ⅳ	基本安全
	2.02 ～ 3*	Ⅴ	安全
锚索（杆）注浆饱和度 / %	10 ～ 20*	Ⅰ	极不安全
	20 ～ 30*	Ⅱ	不安全
	30 ～ 42*	Ⅲ	潜在风险
	42 ～ 56*	Ⅳ	基本安全
	56 ～ 100*	Ⅴ	安全
锚索（杆）腐蚀率 / %	0 ～ 5.8	Ⅴ	安全
	5.8 ～ 9.2	Ⅳ	基本安全
	9.2 ～ 11.6	Ⅲ	潜在风险
	11.6 ～ 13.5	Ⅱ	不安全
	13.5 ～ 15	Ⅰ	极不安全
锚索（杆）预应力损失率 / %	0 ～ 20	Ⅴ	安全
	20 ～ 40	Ⅳ	基本安全
	40 ～ 60	Ⅲ	潜在风险
	60 ～ 80	Ⅱ	不安全
	80 ～ 100	Ⅰ	极不安全

注：表中加*的数据为越大越优型数据，未加*的数据为越小越优型数据。

对岩体边坡锚固结构体系长期安全性评价指标体系的分级标准进行汇总，汇总结果如表 4.12 所示。

表4.12　指标分级标准汇总表

指标名称	分级标准	评分	指标名称	分级标准	评分	指标名称	分级标准	评分
坡高 A_1 / m	0 ~ 3	100	结构面夹角 B_7 / (°)	20 ~ 28.22	100	降水时间 C_3 / d	0 ~ 0.4	100
	3 ~ 7	80		28.22 ~ 38.7	80		0.4 ~ 0.9	80
	7 ~ 12	60		38.7 ~ 53.18	60		0.9 ~ 1.6	60
	12 ~ 21	40		53.18 ~ 76.77	40		1.6 ~ 2.7	40
	21 ~ 100	20		76.77 ~ 150	20		2.7 ~ 5	20
坡角 A_2 / (°)	30 ~ 31	100	反倾岩层倾角 B_8 / (°)	87.08 ~ 90	100	地下水发育 C_4（地下水水头和边坡高程之比）	0 ~ 0.06	100
	31 ~ 32.2	80		83.68 ~ 87.08*	80		0.06 ~ 0.14	80
	32.2 ~ 34	60		79.49 ~ 83.68*	60		0.14 ~ 0.24	60
	34 ~ 37	40		73.75 ~ 79.49*　6.05 ~ 19*　19 ~ 35.13	40		0.24 ~ 0.41	40
	37 ~ 80	20		0 ~ 6.05*　35.13 ~ 58.14	20		0.41 ~ 0.9	20
岩体基本质量级别 B_1	V	100	顺倾岩层倾角 B_9 / (°)	69.56 ~ 88*　88 ~ 90	100	地震 D_1（峰值加速度）	0 ~ 0.08g	100
	IV	80		60.35 ~ 69.56*	80		0.08g ~ 0.16g	80
	III	60		51.87 ~ 60.35*　0 ~ 3.6	60		0.16g ~ 0.24g	60
	II	40		42.65 ~ 51.87*　3.6 ~ 9.34	40		0.24g ~ 0.32g	40
	I	20		24.68 ~ 42.65*　9.34 ~ 24.68	20		0.32g ~ 0.4g	20
结构面连通率 B_2 / %	10 ~ 11.4	100	风化程度 B_{10}	未风化	100	锚索（杆）强度储备系数 E_1	1 ~ 1.15*	20
	11.4 ~ 13.3	80		微风化	80		1.15 ~ 1.35*	40
	13.3 ~ 15.9	60		中风化	60		1.35 ~ 1.61*	60
	15.9 ~ 20.3	40		强风化	40		1.61 ~ 2.02*	80
	20.3 ~ 100	20		全风化	20		2.02 ~ 3*	100

续表

指标名称	分级标准	评分	指标名称	分级标准	评分	指标名称	分级标准	评分
结构面黏聚力 B_3/kPa	0~322.41	20	孤石或悬空岩块分布 B_{11}	坡表没有松动的迹象	100	外观状况 E_2	V	100
	322.41~425.77	40		小的悬空岩块（0.01<体积<1 m^3）	80		IV	80
	425.77~498.01	60		坡表有个别处表面松动和小的悬空岩块	60		III	60
	498.01~554.1	80		坡表有多处表面松动和小的悬空岩块	40		II	40
	554.1~600	100		有可能脱落的悬空岩块（体积>1 m^3）	20		I	20
结构面内摩擦角 B_4/(°)	10~14.4	20	岩性 B_{12}	硬	100	注浆饱和度 E_3/%	10~20*	20
	14.4~20	40		中硬	80		20~30*	40
	20~27.3	60		软	60		30~42*	60
	27.3~38.2	80		较软	40		42~56*	80
	38.2~60	100		极软	20		56~100*	100
岩体黏聚力 B_5/kPa	0~90.6*	20	排水系统 C_1	优	100	锚索（杆）腐蚀率 E_4/%	0~5.8	100
	90.6~207.4*	40		良	80		5.8~9.2	80
	207.4~372*	60		中	60		9.2~11.6	60
	372~653.4*	80		差	40		11.6~13.5	40
	653.4~4000*	100		极差	20		13.5~15	20
岩体内摩擦角 B_6/(°)	10~14.74*	20	降水强度 C_2/(mm/d)	0~30	100	预应力损失率 E_5/%	0~20	100
	14.74~20.7*	40		30~60	80		20~40	80
	20.7~28.75*	60		60~90	60		40~60	60
	28.75~41.19*	80		90~120	40		60~80	40
	41.19~70*	100		120~150	20		80~100	20

注：表中加 * 的数据为越大越优型数据，未加 * 的数据为越小越优型数据。

4.3.3　分级标准检验

4.3.2 节提出了一种基于锚固岩体边坡稳定性系数影响规律的连续型变量分级标准确定方法，确定了锚固结构体系长期安全性评价的指标的分级标准。本节使用 K- 近邻算法（KNN）对连续性指标分级标准进行合理性检验。

1.KNN 算法基本原理

KNN 是通过测量不同特征值之间的距离进行分类。该方法的原理是如果一个样本在特征空间中的 K 个最相似（即特征空间中最邻近）的样本中的大多数属于某一个类别，则该样本也属于这个类别。KNN 算法中，所选择的邻居都是已经正确分类的对象。该方法在分类决策上只依据最邻近的一个或者几个样本的类别来决定待分样本所属的类别。其原理如图 4.12 所示。

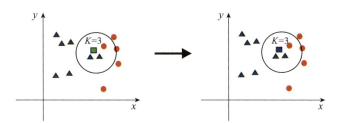

图 4.12　KNN 算法原理示意图

如图 4.12 所示，$K=3$，由于蓝色三角形所占比例为 2/3，绿色四边形将被赋予蓝色三角形那个类。

2.KNN 模型评价

通过样本的分类损失来衡量该分类器的优劣，分类损失的解释取决于损失函数和加权方案。一般来说，更好的分类器会产生更小的分类损失值。分类损失函数度量分类模型的预测精度。当您在许多模型中比较同一类型的损失时，损失越低表明预测模型越好。损失函数又叫作误差函数，用来衡量算法的运行情况，估量模型的预测值与真实值的不一致程度，是一个非负实值函数。损失函数越小，模型的鲁棒性就越好。

KNN算法可以验证连续型数据不同的离散方法进行区间划分的合理性，同时有研究（陈贞 等，2015）表明，KNN算法可以得到分类的准确率。运用该分类的准确率可以验证划分区间的准确性。

3. 合理性检验实现过程

步骤 1：确定需要进行分级的指标及指标的取值范围。

步骤 2：使用不同的分级标准确定方法对相同的指标和指标范围进行分级标准的确定，划分等级区间。

步骤 3：基于划分的等级区间，对样本数据的连续型指标进行离散处理，构建全部是离散数据的样本集合。

步骤 4：采用 KNN 算法对离散型数据样本集合进行分类，通过损失函数计算准确率，评价 KNN 分类效果的优劣。

步骤 5：KNN 模型的分类效果越好，准确率越高，能说明该分级标准的确定方法更好地反映数据本身的特征，数据划分等级区间后造成的数据特征值的缺失要小，所以分类的精度要高。

4. 指标分级标准确定方法对比分析

本书基于陆钰彬（2011）于西南地区岩体边坡安全性评价体系的研究，将文中连续型指标等级标准确定方法和基于岩体边坡稳定性影响规律的连续型指标分级标准确定方法进行对比分析，验证本节提出方法的可行性及合理性。本书选取的连续型数据指标与文献（陆钰彬，2011）选取的指标一致的有 5 个，分别为坡高、坡度、黏聚力、内摩擦角和日降水量。用本节提出的基于稳定性系数影响规律的分级标准值确定方法，按照原文指标的研究范围进行等级区间的划分，数据中其余的样本属性和原文献中的数据保持一样，构建两种分级区间表和决策信息表，使用 KNN 算法进行分类。

除了选取既有文献中关于岩体边坡特征的指标，因为本书的研究对象为岩体边坡锚固结构体系，因此基于 3.5 节研究，选取强度储备系数、注浆饱和度、锚索（杆）腐蚀率和预应力损失率作为锚固结构参数指标，进行指标分级标准的确定，验证方法的合理性。由于缺少大量锚固岩体边坡锚固结构参数和锚固岩体边坡稳定性的相关数据，本书采用数值模拟的方法产生相应的样本，数值模型如图 3.1 所示，参数如表 3.1、表 3.2 所示。通过改变选取的锚固结构参数指标产生样本，基于该样本和两种分级方法对锚固结构参数指标进行分级标准的确定，构建分级区间得到两种方法的决策信息表，进行KNN 算法分类。

　　基于上述的 KNN 算法计算分类损失，分类损失即为该分类器的分类精度。计算基于不同分级划分算法得到 KNN 分类器的精度，精度越高说明该分类方法得到的决策信息表更精确，其分级区间也就更精确更合理。通过MATLAB 编写程序计算不同分级区间得到 KNN 分类器的分类精度。不同分级标准确定方法的计算结果汇总情况如表 4.13 所示。

表4.13　不同分级方法KNN分类精度汇总表

分级方法	岩体边坡特征	锚固结构参数
稳定性影响规律分级方法	75%	77.5%
等宽分级方法	65%	72.5%
差　值	10%	5%

　　如表 4.13 所示，稳定性系数影响规律法得到 KNN 分类器的分类精度相比等宽分级法得到的岩体边坡特征的分类精度提高了 10%，锚固结构参数的分类精度提高了 5%。说明本节提出的基于稳定性系数影响规律法能更好地反映数据本身的特征，数据划分等级区间后造成的数据特征值的缺失要小，分类的精度要高，该方法比等宽分级法优秀。说明了基于锚固岩体边坡稳定性系数影响规律的连续型变量分级标准确定方法是合理可行的。

→ 4.4 本章小结

基于第 2 章和第 3 章的研究成果，构建了锚固结构体系长期安全性评价指标的层次分析结构。对指标进行定性和定量分类，提出一种新的分级标准确定方法，确定各指标的分级标准。将指标的层次分析结构和分级标准相结合构建锚固结构体系长期安全性评价指标体系。主要研究成果如下。

第一，构建了包含准则层、项目层和指标层 3 个层次，24 个指标组成的岩体边坡锚固结构体系长期安全性评价的指标层次分析结构。分别针对四种岩体边坡破坏模式构建四种岩体边坡锚固结构体系长期安全性评价指标的层次分析结构。

第二，提出了一种基于锚固岩体边坡稳定性系数影响规律的连续型变量分级标准确定方法，确定了连续型指标的分级标准。

第三，基于锚固结构体系安全性评价指标的层次分析结构和指标的分级标准，构建了岩体边坡锚固结构体系长期安全性评价的指标体系。

第四，基于 $K-$ 近邻算法（KNN）验证了基于锚固岩体边坡稳定性系数影响规律的连续型变量分级标准确定方法的合理性。

第 5 章　工程案例

　　锚索（杆）是目前水电工程中进行岩体加固最主要的技术手段之一，因其施工简单、加固效果明显、自重轻等优势被广泛使用。在上一章已经提出的锚固结构体系长期安全性评价方法的基础上，进行工程应用研究有着重要的意义。本章将岩体边坡锚固结构体系长期安全性评价指标体系应用于西南某水电工程的水垫塘岩体边坡锚固结构体系的安全性评价，以此来验证锚固结构体系安全性评价指标体系的合理性。

 5.1　西南地区某水电工程水垫塘岩体边坡锚固结构体系基本特征

　　随着"西部大开发""长江经济带"和"一带一路"倡议的实施，我国西南地区开展了一批大型水利水电枢纽工程的建设，形成了大量的岩体边坡锚固结构体系。本节详细介绍了西南地区某水电工程岩体边坡锚固结构体系基本特征，为岩体边坡锚固结构体系安全性评价指标体系的工程应用奠定基础。

5.1.1　工程概况

该水电工程位于金沙江下游河段，设计正常蓄水位 825 m，坝顶高程 834 m，混凝土双曲拱坝坝高 289 m。水垫塘位于坝后，断面型式采用平底复式梯形断面，水垫塘底板高程 560 m，长度为 400 m，底板宽度 80 m。底板两侧边坡开挖成 1∶1 的坡度（右岸 1∶0.6~1∶1），分别在高程 580 m 和 601 m，设宽度为 5 m 的马道，水垫塘顶部高程 634 m，总宽 213.6 m，并在顶部设置弧形的导浪墙。水垫塘以上的边坡位于坝下 0~900 m 范围，左岸高程 634~950 m，右岸高程 634~1 100 m 以上。

5.1.2　工程地质条件

1.地形地貌及地层岩性

坝区属中山峡谷地貌，地势北高南低，向东侧倾斜。左岸为大凉山山脉东南坡，山峰高程 2 600 m，整体上呈向金沙江倾斜的斜坡地形；右岸为药山山脉西坡，山峰高程在 3 000 m 以上，主要为陡坡与缓坡相间的地形。左岸水垫塘及以上边坡为 SN 向陡壁加缓坡相间的地形。高程 680~740 m 为一坡度约 70° 的陡壁。高程 740~780 m 为一坡度 35° 的斜坡地形，坡缘距陡壁 40~50 m。高程 780~860 m 为一坡度为 64° 的陡壁。高程 860 m 谷肩以上为一沿层间错动带 C_4 剥蚀而成的宽缓斜坡。下部水垫塘边坡为一 SN 向斜坡地形，坡度约 30°。水垫塘岩体边坡锚固结构体系如图 5.1 所示。

图 5.1　水垫塘边坡

　　坝址两岸边坡主要出露二叠系上统峨眉山组玄武岩，右岸玄武岩上覆三叠系下统飞仙关组砂（泥）岩，地层与之呈假整合接触。岩石强度高，岩体完整性好，边坡稳定性则相对较好。将玄武岩岩性分为含角砾（集块）玄武岩、斜斑玄武岩、隐晶（微晶）质玄武岩、柱状节理玄武岩、杏仁状玄武岩、角砾熔岩、玄武质碎屑砂岩、凝灰岩等 8 种如图 5.2 所示。峨眉山组玄武岩中除凝灰岩外，其他均属硬质岩。凝灰岩共 10 层，分布于各岩流层顶部，厚度不大，呈夹层状分布于边坡岩体中，但凝灰岩属软岩，对边坡稳定性会造成不利影响。隐晶质玄武岩和柱状节理玄武岩坚硬性脆，而角砾熔岩与杏仁状玄武岩则具有一定的柔性，它们呈互层状分布，造成边坡岩体的不均一性，从而造成应力分布的不均一。柱状节理玄武岩的完整性较差，对边坡稳定不利。右岸边坡顶部分布有三叠系粉砂岩、泥质粉砂岩、泥岩等，岩性较软，对边坡稳定性不利。第四系松散堆积物主要分布于河床及两岸斜坡、缓坡台地之上。

图 5.2　坝址区玄武岩典型岩性

　　左岸水垫塘及以上边坡主要由峨眉山玄武岩第 3、4 岩流层构成，高程 800 m 以上出露 $P_2\beta_4^2$ 层微晶质玄武岩、杏仁状玄武岩及角砾熔岩，岩质坚硬。高程 780 ~ 800 m 出露 $P_2\beta_4^1$ 层隐晶质玄武岩、角砾熔岩、微晶质玄武岩及杏仁状玄武岩，其中底部的隐晶质玄武岩内发育第三类柱状节理。高程 740 ~ 780 m 下伏基岩为 $P_2\beta_3^5$ 层斜斑玄武岩及角砾熔岩，顶部发育厚约 1 m 的凝灰岩，岩质软弱，其上为第四系崩坡积的碎石混合土。高程 700 ~ 740 m 出露 $P_2\beta_3^4$ 层杏仁状玄武岩、隐晶质玄武岩及角砾熔岩，顶部发育厚 0.30 m 凝灰岩，岩质软弱，遇水易泥化。高程 700 m 以下出露 $P_2\beta_3^3$ 层柱状节理玄武岩，发育第一类柱状节理玄武岩，柱体内微裂隙发育。顶部发育厚 10 余米的含杏仁玄武岩。靠二道坝部位出露 $P_2\beta_3^2$ 层柱状节理玄武岩（第二类）及角砾熔岩。工程地质剖面图如图 5.3 所示。

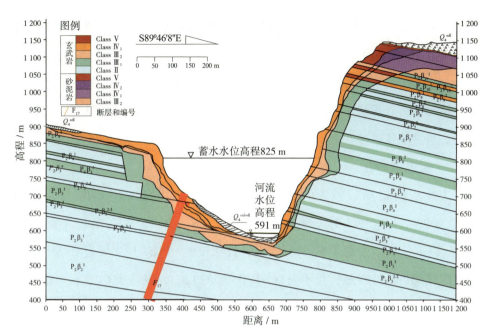

图 5.3　工程地质剖面图

2. 地质构造与岩体风化

1）断层

边坡主要发育 NWW（N50°～70°W）向、NNW（N11°～30°W）向、NE（N31°～60°E）向 3 组断层。边坡以 NWW 向断层最为发育，规模较大的有 F_{14}、F_{16}、F_{34}。F_{16} 主要出露于上游低高程，为一压扭性断层，带内以角砾岩及碎裂岩为主，浅部受表生改造，具卸荷特征。F_{14} 断层自上游低高程斜切水垫塘及以上边坡，为一张扭性断层，带内多为断层角砾，常见次生泥。F_{34} 断层为 F_{14} 断层分支，压扭性断层，带内多为碎裂岩及角砾岩。规模相对较小的断层主要为 f_{14}、f_{136}、f_{117} 等，此类断层多以张性为主，带内多充填石英或方解石脉体。f_{114} 为压扭性断层，宽度相对较小，两壁光滑，多见擦痕。

2）层间错动带

边坡主要出露层间错动带 C_3、C_{3-1}，分别出露于高程 720 m 及 760 m 以上。层间错动带 C_3 发育于 $P_2\beta_3^6$ 层凝灰岩内，总体产状 N50°～55°E，SE∠15°～20°，错动带厚度变化较大，一般为 0.5～25 cm，多处部位无明显错动痕迹或呈一夹泥裂隙。工程类型为岩块岩屑型。层间错动带 C_{3-1} 发育于 $P_2\beta_3^4$ 顶部凝灰岩内，错动带总体上相对平直，产状稳定，为 N47° E，SE ∠ 15°。在 F_{17} 下盘靠断层附近产状略有变化，为 N50° E，SE ∠ 20°。小尺度上错动带略有起伏，2 m 波长最大起伏差可达 15 cm。错动带厚度 5～50 cm 不等，呈透镜状延伸，上、下盘影响带厚度 20～50 cm。

3）层内错动带

边坡层内错动带较发育，$P_2\beta_3^2$ 层主要有 LS_{325}、LS_{321}；$P_2\beta_3^3$ 层主要有 LS_{331}、LS_{337}、LS_{3318}、LS_{3319} 等。其中 LS_{3318}、LS_{3319} 发育于 F_{17} 断层下盘高程 670 m 以下。LS_{337} 发育于 F_{17} 断层上盘，性状较差；$P_2\beta_3^4$ 层主要有 LS_{342}，$P_2\beta_3^5$ 层层内错动带延伸较短，且不发育；$P_2\beta_4^1$ 层的 LS_{411}，发育于 C_3 上盘，错动带规模相对较小，但在其上盘及与 C_3 之间发育一厚度约 5 m 的顺层节理密集带，使边坡岩体质量恶化，其他还有 LS_{414}、LS_{415} 等；$P_2\beta_4^2$ 层主要发育有 LS_{423}。

4）节理

左岸水垫塘及以上边坡裂隙按成因主要有三类：原生裂隙、构造裂隙及卸荷裂隙等三类。原生裂隙主要为柱状节理玄武岩的柱状节理及柱体中的微裂隙构造，节理以 NW 向最为发育，陡倾角为主。节理延伸均不长，宽度不大，节理内多为岩屑及方解石或石英脉体。左岸边坡为斜顺向坡，岩体卸荷较强，为坝址卸荷最严重的区域，其内卸荷裂隙发育，多追踪 SN～NW 方向的断层、裂隙等构造结构面发育，少量追踪 NE 向结构面发育，也见平行岸坡的近 SN 向卸荷缝。

5）风化

左岸水垫塘及以上边坡岩体风化主要受地形、构造的控制。左岸为斜顺向坡，岩体内缓倾角错动及卸荷节理发育，加剧岩体风化。据勘探资料揭露，弱风化上段水平深度 12～50 m，最深 93 m；弱风化下段水平深度 37～119 m，最深 150 m。左岸边坡为斜顺向坡，缓倾角的错动带发育，对卸荷岩体起控制作用，并对其后期改造起着恶化作用。据勘探揭露，左岸坡水平强卸荷深度 0～109 m，弱卸荷深度 64～150 m，局部达 162 m 以上。

3. 地震及水文气象

1）地震

工程场址所在区域隶属于地震活动强烈的川、滇地震带，历史地震对场址的最大影响烈度为Ⅷ度。场址附近的宁南—巧家段是中小地震频繁发生的地区，但历史地震活动的水平较低，属中强地震活动区；场址周围 40 km 范围内历史上无 6 级以上地震记载，其地震危险性主要来自外围地震带强震活动的影响。根据中国地震局分析预报中心提出的该水电站坝址设计地震动参数确定报告，并经中国地震局批复，工程场址区的地震基本烈度为Ⅷ度。经综合分析，坝址区四种超越概率水平的基岩地震动峰值加速度见表 5.1。

表5.1　场址基岩地震动峰值加速度计算结果表

超越概率	50 年			100 年
	63%	10%	5%	2%
地震动水平峰值加速度 / gal	51	165	212	325

委托中国地震局分析预测中心进行设计地震动参数分析，确定 50 年超越概率 5% 的地震动水平峰值加速度为 212 gal。边坡为非壅水建筑物，取 50 年超越概率 5% 的地震动水平峰值加速度。其中，212 gal=212 cm/s^2=0.216 g。

2）气象特征

坝区地处亚热带季风气候区，年内干湿季节分明，每年 11 月至翌年 4 月为枯水季节，降水稀少；5—10 月为丰水季节，降水充沛，占全年降水量的 80% 以上。气候温暖干燥，年平均气温 15～21℃。金沙江河谷是著名的干热河谷，气候在垂向上具有明显的分带性，随着海拔升高，气温降低，降水增多。

3）降水分布

根据工程区内主要气象站资料，本区各地降水量在 600～1 600 mm 之间。气象站（高程 635 m）1994—2001 年的年平均降水量为 727.2 mm；大寨气象站（高程 1 357 m）1995—2001 年的年平均降水量为 811 mm。

雨季集中在5—10月间，降水量约占全年降水量的80%，且多暴雨（日降水量 ≥ 50 mm 或 12 h 降水量 ≥ 30 mm）发生，但主要分布在高程 1 000 ~ 2 500 m 之间。该水电工程及大寨两个气象站所观测的降水量均集中在6—9月，月降水量 104 ~ 168 mm。根据气象站资料成果，多年月平均降水量见图5.4。

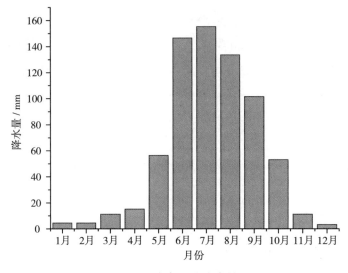

图5.4 多年平均降水量

4）地下水

地下水观测表明，两岸地下水埋藏较深，左岸浅于右岸。地下水水力坡度，左岸较缓，右岸较陡。地下水对边坡稳定的影响主要表现在导致凝灰岩夹层和缓倾角错动带软化，降低其强度，尤其是左岸为顺向坡，地下水丰富，缓倾角错动带软化明显。其次水压力对边坡稳定不利。另外，在暴雨情况下，拉裂缝充水产生较大的静水压力，对边坡稳定不利。

5.1.3 锚固工程特征

1.边坡锚固支护方案

依据边坡的工程地质条件、开挖坡比、与建筑物的关系、泄洪雾化的影响程度等因素，将拱肩槽下游至断层 F_{13} 之间的坡面划分为5个区，根据各分区的特点，分别拟定支护原则。

Ⅰ区为 F_{14}、f_{320} 之间从高程 674.0 m 至高程 854.0 m 的开挖坡，属于左岸水垫塘以上强雾化区边坡。该区经削坡、LS_{337} 置换洞及坡体锚固洞处理后，其稳定性和整体性得到了提高，但因强卸荷裂隙发育，强卸荷裂隙与其他随机发育的构造仍有可能组合成表层潜在的不稳定体。工程边坡形成后，在坡面布置网格梁以增强边坡的整体性，提高边坡浅层强卸荷岩体的安全度；对强雾化区进行混凝土贴坡等封闭保护，减小泄洪雾化雨对边坡稳定的影响。

Ⅱ区为坝趾与断层 F_{14} 之间、634.0～834.0 m 高程间开挖坡，为左岸主要抗力体边坡。该区边坡卸荷浅、岩体完整性好，边坡自身稳定性较好。拟根据坝肩稳定研究成果，借鉴类似工程经验，对该区采取强支护措施，以增强抗力体的整体性，提高拱坝的稳定裕度。同时，对该泄洪雾化影响区进行封闭保护。

Ⅲ区为 F_{14} 与 f_{320} 之间、634.0～674.0 m 高程间紧邻水垫塘的两级开挖坡，边坡卸荷裂隙不发育，岩体以弱风化下段为主，边坡稳定性较好，但该区受泄洪雾化的影响较大。坡面应采用混凝土贴坡进行保护，对局部发育有不利于边坡稳定构造的区域，布置随机预应力锚索或预应力锚杆。

Ⅳ区为 F_{14} 下游 834.0 m 高程以上开挖边坡，属雾化影响区。该区已进行削坡减载，但部分区域强卸荷岩体尚存，只是深度已较小。在局部发育强卸荷裂隙的区域，随机布置预应力锚索或预应力锚杆，同时进行坡面保护。

Ⅴ区为 f_{320} 与 F_{13} 之间的开挖坡和清坡区，该区已远离主体建筑物，无较大的地质问题，开挖后边坡整体稳定。对开挖边坡的局部小块体，布置随机预应力锚索，增加边坡稳定裕度，坡面进行喷锚保护。

2. 锚固工程施工工艺

1）锚索材料

锚索由 7 根直径为 15.2 mm 的钢绞线组成，钢绞线强度为 1 860 MPa，松弛级别：Ⅱ级。锚具采用 YJM 锚具，且满足既有规范（中华人民共和国国家质量监督检验检疫总局，2007）的规定。每批预应力钢绞线均应有材质成分质量保证书，锚索材料应满足规范（中华人民共和国国家质量监督检验检疫总局，2016）的规定，对预应力钢绞线进行力学性能试验。

2）制作与安装

下料前逐个测量锚孔的孔深，确定实际的下料长度。要求所有锚索均无明显的锈蚀痕迹，运输过程中应防止锚索发生弯曲扭转和损伤。内锚头组装成枣核状，灌浆管与锚索一同安装，将内锚固段锚索剥除 PE 套，将油污彻底清洗干净，并且做好 PE 套的封堵，人工或机械的方式将组装好的锚索束（包括灌浆管和波纹管）送入孔内并且设置好孔口止浆塞。自由拉伸段钢绞线带 PE 套，并且保证 PE 套的完整。

3）锚索孔灌浆

无黏结是锚索一次灌浆，待 C30 混凝土外锚墩达到设计强度和内锚固段浆液的抗压强度达到 30 MPa 后（7 天龄期），按规范要求对锚索索体进行张拉。锚索注浆采用水泥净浆，必要时可以使用砂浆。采用纯水泥灌注锚固段，其水灰比建议取值为 0.38~0.45，水泥采用 42.5 R 普通硅酸盐水泥，净压在 0.3~0.5 MPa。浆液中可以掺入一定量的膨胀剂和早强剂。要求浆液 3 h 后泌水控制在 2% 之内，其浆体 7 d 的结石抗压强度等级不应低于 30 MPa。

4）锚头保护

灌浆完成后，锚具外的钢绞线除留存 15 cm 外，其余部分应切除，待补偿张拉完毕后采用与上垫板焊接的钢制保护罩予以保护，罩内充填油脂。保护罩和裸露的钢垫板外侧应采用厚度不小于 250 μm 的醇酸或者环氧类防腐涂料保护，并且对不同类型的锚索应以不同的颜色进行标识，以达到醒目和良好的区分效果。

左岸水垫塘边坡锚索结构如图 5.5 和图 5.6 所示。

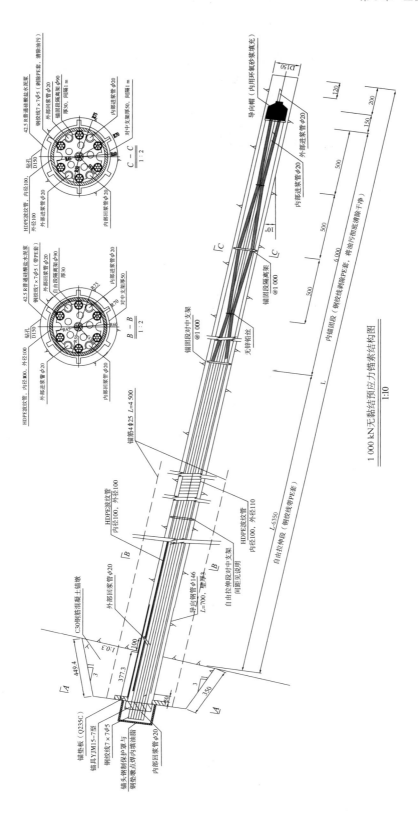

图 5.5　1 000 kN 无黏结预应力锚索结构示意图

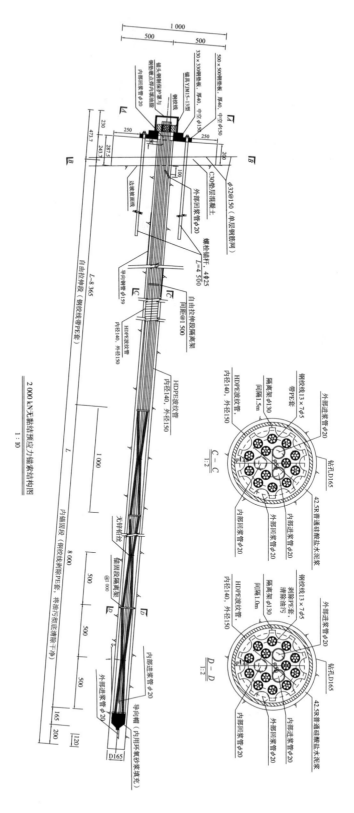

图 5.6 2 000 kN 无黏结预应力锚索结构示意图

5.1.4　边坡失稳模式及指标参数

1. 左岸水垫塘岩体边坡锚固结构体系失稳模式

依据左岸水垫塘岩体边坡的勘察资料，左岸水垫塘及以上边坡岩体主要由第一类柱状节理玄武岩、块状玄武岩、角砾熔岩组成，坡体内结构面发育，岩体卸荷相对较深，岩体以Ⅲ 2 或Ⅳ类岩体为主。缓倾结构面倾角小于边坡倾角，因而边坡稳定性较差，局部存在由 NWW 向断层、近 SN 向卸荷节理及 NNE 向断层与缓倾角错动带构成的块体。边坡稳定破坏的可能模式是缓倾角结构面作为底滑面的块体滑动破坏。局部破坏模式主要有两种，一种为崩塌，一种为块体滑动破坏。为保证边坡的长期安全性，在左岸水垫塘边坡开挖后使用锚索进行加固处理，左岸水垫塘边坡的工程地质坡面图和锚索布置情况如图 5.7 所示。

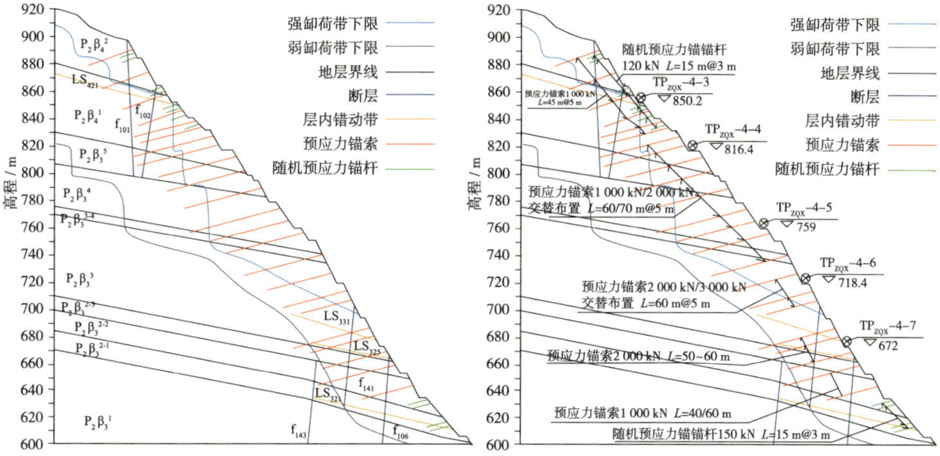

（a）工程地质剖面图　　　（b）锚索（杆）布置及坡表位移监测布置图

图 5.7　左岸水垫塘边坡剖面图

2. 指标参数

采用本书第 4 章所建立的评价指标体系，对该工程案例进行长期安全性评价。依据工程实例得出该岩体边坡锚固结构体系的各项指标参数，基于前述的工程地质条件结合室内试验、现场试验、勘察资料、设计资料，监测资料等得到各指标的具体数值，对比表 4.12 所示的指标体系得到各指标分级标准所对应的得分值。所得到的结果如表 5.2 所示。

表5.2　左岸水垫塘边坡各指标得分值

指标层元素	实际得分值	指标层元素	实际得分值	指标层元素	实际得分值
高度	0	楔形体结构面夹角	100	降水时间	40
坡度	13	反倾边坡岩层倾角	100	地下水发育情况	35
岩体基本质量级别	80	顺倾边坡岩层倾角	15.2	地震	46
结构面连通率	90	岩体风化程度	80	强度储备系数	60
结构面黏聚力	60	孤石或者悬空岩块分布	100	外观状况	95
结构面内摩擦角	60	岩性	100	注浆饱和度	95
岩体黏聚力	82	排水系统	95	腐蚀率	95
岩体内摩擦角	60.5	日最大降水量	60	预应力损失率	96

 5.2　岩体边坡锚固结构体系长期安全性评价

岩体边坡锚固结构体系安全性评价指标体系，对于多因素影响下的岩体边坡锚固结构体系安全性评价发挥着至关重要的作用。本节采用 Xia（2020）提出的基于群决策和模糊综合评价的岩体边坡锚固结构体系安全性评价方法，使用上文中提出的安全性评价指标体系对西南地区某水电工程的岩体边坡锚固结构体系安全性进行评价，从而验证本书中提出的岩体边坡锚固结构体系安全性评价指标体系的合理性。

5.2.1 评价指标权值及专家决策可靠性计算

在本工程的评价中，要求权值确定的可靠性要不低于90%，笔者邀请了该领域的六位专家，对项目层的5个元素和4种破坏模式下各自项目层5个元素所包含的指标层的元素进行第1次打分。

采用既有研究中所述的基于群决策理论和熵模型的可靠性的计算方法，得到各专家以及群组的决策熵和可靠性，如表5.3所示。

表5.3 专家决策可靠性计算汇总表

破坏模式	专家	项目 A		项目 B		项目 C		项目 E		项目层5个元素	
		决策熵	可靠性	决策熵	可靠性	决策熵	可靠性	决策熵	可靠性	决策熵	可靠性
平面滑动	S1	0.029 9	95	0.032 4	99	0.066 5	95	0.021 2	95	0.054 9	95
	S2	0.019 8	95	0.015 1	99	2.664 6	40	0.017 1	99	0.047 7	95
	S3	0.015 0	99	0.016 4	99	0.078 6	95	0.015 1	99	0.036 6	99
	S4	0.046 6	95	0.014 6	99	0.057 8	95	0.040 4	95	0.038 9	99
	S5	0.016 8	99	1.571 6	80	0.055 8	95	0.016 1	99	0.170 0	95
	S6	0.000 1	99	1.496 5	80	0.071 8	95	0.004 4	99	0.070 5	95
	专家群	0.021 4	99	0.524 4	90	0.499 2	85	0.019 1	95	0.069 8	95
弯曲倾倒	S1	0.044 1	95	0.040 0	99	0.021 5	99	0.031 8	95	0.040 6	99
	S2	2.305 8	40	0.018 5	99	0.042 5	95	0.035 6	95	0.047 5	95
	S3	0.044 8	95	3.070 2	50	0.040 5	95	0.025 7	95	0.032 0	99
	S4	0.019 8	95	0.020 0	99	0.084 6	95	0.023 5	95	0.043 7	99
	S5	0.044 8	95	7.910 0	40	0.098 6	95	0.006 0	99	0.159 0	95
	S6	0.030 1	95	0.020 2	99	0.029 3	99	0.007 4	99	0.070 3	95
	专家群	0.414 9	75	1.846 5	75	0.052 8	95	0.021 7	95	0.065 5	95

续表

破坏模式	专家	项目 A		项目 B		项目 C		项目 E		项目层 5 个元素	
		决策熵	可靠性	决策熵	可靠性	决策熵	可靠性	决策熵	可靠性	决策熵	可靠性
崩塌脱落	S1	0.004 2	99	0.086 6	80	0.030 0	99	0.022 2	95	0.027 3	99
	S2	0.035 0	95	0.108 7	80	0.019 8	99	0.018 1	99	0.062 8	95
	S3	0.005 0	99	0.099 5	80	0.029 4	99	0.016 1	99	0.051 6	95
	S4	0.056 4	95	0.082 9	99	0.060 3	95	0.045 2	95	0.074 9	95
	S5	0.016 0	99	0.039 9	80	0.083 8	95	0.015 1	99	0.038 9	99
	S6	0.024 6	95	0.095 2	95	0.024 6	99	0.004 0	99	0.064 7	95
	专家群	0.023 5	95	1.095 2	85	0.041 3	95	0.020 1	95	0.053 4	95
楔形破坏	S1	0.040 3	95	0.045 4	99	0.033 9	99	0.037 7	95	0.027 4	99
	S2	0.030 2	95	0.064 9	99	0.024 0	99	0.024 1	95	0.054 0	95
	S3	0.025 4	95	0.078 6	99	0.016 2	99	0.022 1	95	0.035 2	95
	S4	0.036 2	95	0.125 0	95	0.034 3	99	0.033 4	95	0.052 8	95
	S5	0.078 7	95	0.021 5	99	1.770 6	80	0.011 3	99	0.163 9	95
	S6	0.021 7	95	0.070 1	99	0.005 1	99	0.010 1	99	0.076 7	95
	专家群	0.038 8	95	0.067 6	95	0.040 7	95	0.023 1	95	0.068 4	95

表 5.3 中项目 A ~ C 和项目 E 分别为项目层中边坡几何特征、岩体状况、水文气象和锚固结构参数各自所包含的指标层元素。表中红色框框出的部分是可靠的未达到 90% 的项目，需要专家群组进行 2 次讨论确定性的权重。

5.2.2 群组讨论变权

根据所求的可靠性如表 5.3 所示，可以看出平面滑动破坏模式下项目 C、弯曲倾倒破坏模式下项目 A 和项目 B、崩塌脱落破坏模式下项目 B 的专家决策的可靠性没有达到 90% 的要求。可以有针对性地讨论这些指标层元素的重要性打分方案，进行讨论后重新打分。各专家以及群组的决策水平向量、决策熵和可靠性，如表 5.4 和表 5.5 所示。

表5.4　基于二次讨论的最优权向量汇总表

元　素	崩塌脱落	倾倒破坏	平面破坏	楔形破坏
项目层 A 元素	0.411 2	0.415 0	0.407 5	0.415 2
	0.588 8	0.585 0	0.592 5	0.584 8
项目层 B 元素	0.126 4	0.121 9	0.126 5	0.088 5
	0.145 5	0.140 6	0.110 4	0.201 1
	0.147 5	0.079 9	0.089 2	0.194 4
	0.143 1	0.083 4	0.083 8	0.199 0
	0.082 8	0.141 3	0.062 9	0.000 0
	0.087 2	0.137 1	0.069 0	0.000 0
	0.000 0	0.000 0	0.000 0	0.171 6
	0.000 0	0.176 8	0.000 0	0.000 0
	0.143 8	0.000 0	0.000 0	0.000 0
	0.000 0	0.000 0	0.167 6	0.067 6
	0.000 0	0.000 0	0.164 6	0.000 0
	0.123 7	0.119 0	0.125 9	0.077 9
项目层 C 元素	0.378 3	0.384 0	0.380 1	0.381 3
	0.286 0	0.280 6	0.286 4	0.281 9
	0.189 6	0.188 3	0.190 0	0.194 0
	0.146 1	0.147 2	0.143 5	0.142 9
项目层 D 元素	1.000 0	1.000 0	1.000 0	1.000 0
项目层 E 元素	0.139 7	0.140 1	0.140 1	0.141 5
	0.214 2	0.213 7	0.214 2	0.214 2
	0.219 8	0.221 8	0.219 7	0.219 7
	0.212 0	0.210 7	0.211 9	0.210 5
	0.214 2	0.213 7	0.214 2	0.214 2

续表

元　素	崩塌脱落	倾倒破坏	平面破坏	楔形破坏
	0.181 3	0.180 2	0.181 9	0.179 3
	0.174 5	0.174 5	0.169 8	0.174 1
项目层5个元素	0.144 8	0.144 8	0.148 0	0.145 4
	0.139 6	0.140 8	0.141 7	0.140 1
	0.359 7	0.359 7	0.358 6	0.361 1

表5.5　基于二次讨论的专家可靠性计算汇总表

专家	平面滑动 项目C		弯曲倾倒 项目A		弯曲倾倒 项目B		崩塌脱落 项目B	
	决策熵	可靠性	决策熵	可靠性	决策熵	可靠性	决策熵	可靠性
S1	0.012 6	99	0.024 3	95	0.032 6	99	0.039 8	99
S2	0.093 6	95	0.093 9	95	0.018 0	99	0.104 4	95
S3	0.022 5	99	0.025 0	95	1.543 7	80	0.038 3	99
S4	0.067 8	95	0.000 2	99	0.015 9	99	1.604 5	80
S5	0.045 6	95	0.025 0	95	1.584 1	80	0.048 7	99
S6	0.017 6	99	0.010 2	99	0.016 0	99	0.067 8	99
专家群	0.043 3	95	0.029 8	95	0.535 0	90	0.317 2	95

　　表 5.5 中项目 A～C 分别为项目层中边坡几何特征、岩体状况、水文气象各自所包含的指标层元素，决策的可靠性都到了 90% 及以上，符合之前预定的可靠性要求。因此本书采用基于二次讨论的最优权向量即表 5.4 所示，作为本次工程实例评价所采用的权值。

5.2.3　模糊综合评价

　　基于 Xia（2020）提出的群决策和模糊综合评价的岩体边坡锚固结构体系安全性评价方法，结合表 5.2 中各指标得分可得到 5 个一级模糊评价矩阵。基于一级模糊评价矩阵和群决策理论所确定的权重值，得到 4 种破坏模式下的二级模糊综合评价结果向量汇总，如表 5.6 所示。

表5.6　二级模糊综合评价结果向量汇总表

破坏模式	等级 1	等级 2	等级 3	等级 4	等级 5
平面滑动	0.209 6	0.176 9	0.241 1	0.120 5	0.251 9
弯曲倾倒	0.184 6	0.176 9	0.226 3	0.129 1	0.283 1
崩塌脱落	0.184 5	0.176 8	0.217 7	0.143 4	0.277 6
楔形破坏	0.184 5	0.177 6	0.244 2	0.116 7	0.277 0

根据第 4 章所确定的稳定性等级分级标准，确定对应于 1、2、3、4、5 等级的标准得分值为 20、40、60、80 和 100 分。将二级模糊综合评价结果向量中关于各等级的隶属度乘以相应等级的标准得分值后求和，得到 4 种破坏模式下岩体边坡锚固结构体系长期安全性的评分值。岩体边坡锚固结构体系长期安全性得分汇总表如表 5.7 所示。

表5.7　长期安全性评价得分汇总表

破坏模式	平面滑动	弯曲倾倒	崩塌脱落	楔形破坏
得分	60.560 0	62.980 6	63.056 6	62.482 5

由表 5.7 可知，本工程案例中平面滑动破坏模式的得分最低，即发生平面滑动的风险最大，因此取平面滑动破坏模式下的二级模糊综合评价结果向量依据最大隶属度准则进行稳定性等级评价。结合表 5.6 可知，本工程案例的稳定性等级为 5 级，安全性状态为安全。该评价结果与现场的监测结果一致，说明该岩体边坡锚固结构体系安全性评价指标体系是合理的。

第6章 结论与展望

 6.1 结论

研究岩体边坡锚固结构体系安全性评价指标体系，对岩体边坡锚固结构体系的防治效果评价具有重要的意义。本书以锚固结构和岩体边坡组成的岩体边坡锚固结构体系为研究对象，通过既有研究成果的总结、现场试验、室内试验以及数值模拟等手段研究了岩体边坡锚固结构体系长期安全性的影响因素，多因素对于岩体边坡锚固结构体系长期安全性的影响规律；构建了岩体边坡锚固结构体系长期安全性评价的指标体系，并将该指标体系应用于西南地区某水电站左岸水垫塘岩体边坡锚固结构体系工程实例进行长期安全性评价。主要研究成果如下。

第一，总结了岩体边坡锚固结构体系的特征。通过现场调研和资料收集对4个典型水电工程岩体边坡锚固结构体系的特征进行了分析总结。对锚固结构的种类和失效形式以及岩体边坡的类别和失稳形式进行了分析总结。

第二，基于数值模拟、统计分析等方法研究了边坡几何条件、水文气象条件、偶然因素、岩体条件和锚固结构参数5个方面的指标对于岩体边坡锚固结构体系长期安全性的影响规律。研究结果表明多影响因素（边坡几何条件、水文气象条件、偶然因素、岩体条件和锚固结构参数5个方面的因素）

对于边坡锚固结构体系安全性有显著影响，这些因素对于岩体边坡锚固结构体系安全性的影响规律大部分是非线性的，呈现出指数函数规律。

第三，选取了 5 个方面 24 个指标作为岩体边坡锚固结构体系长期安全性的主要影响因素。结合岩体边坡的破坏模式构建了 4 个包含三层次的指标层次分析结构。提出了一种基于锚固岩体边坡稳定性系数影响规律的连续型变量分级标准确定指标的分级标准。基于岩体边坡锚固结构体系长期安全性的主要影响因素、指标层次分析结构和指标分级标准构建了针对不同破坏模式的岩体边坡锚固结构体系长期安全性评价指标体系。

第四，将提出的岩体边坡锚固结构体系安全性评价指标体系应用于西南地区某水电站左岸水垫塘岩体边坡锚固结构体系工程案例。对评价结果进行了分析，验证了该安全性评价指标体系的合理性。

➜ 6.2 展望

本书以岩体边坡锚固结构体系作为研究对象，借助现场试验、室内试验、勘察资料和设计资料，通过既有研究总结、数值模拟等方法，研究了岩体边坡锚固结构体系长期安全性的影响因素和影响规律，构建岩体边坡锚固结构体系安全性评价指标体系，并将该指标体系应用于西南某水电工程岩体边坡锚固结构体系进行安全性评价，验证了该岩体边坡锚固结构体系安全性评价指标体系的合理性。鉴于研究对象的复杂性和研究能力的有限，本书研究在以下几方面仍存在不足，有待进一步研究。

第一，本书基于数值模拟法开展了多因素对于锚固岩体边坡结构体系长期安全性的影响规律研究，由于工程案例资料有限，未能采用工程案例对不同影响因素下的数值模拟试验结果进行验证。故在未来的研究中应该收集更多工程案例数据对数值模拟的结果进行验证。

第二，本书基于岩体边坡锚固结构体系长期安全性的影响因素和多因素对于锚固结构体系长期安全性的影响规律，构建了锚固结构体系长期安全性评价指标体系，但是由于现场资料有限，各指标的取值范围均取自《岩石力学参数手册》等既有研究成果，而不是西南地区某水电工程的实际参数取值范围。因此在未来的试验中应在该水电工程的不同位置进行取样进行室内试验和开展现场试验，更准确地确定各指标的取值范围。

第三，本书将提出的岩体边坡锚固结构体系安全性评价指标体系应用于西南地区某水电工程，验证了该指标体系的合理性。但是由于工程案例资料有限，目前仅仅在一个工程案例上验证了该指标体系的合理性，在未来的研究工作中将收集更多的工程案例，应用该岩体边坡锚固结构体系评价指标体系，验证其合理性。

参考文献

 【中文期刊类】

陈安敏，顾金才，沈俊，等，2000.预应力锚索对块状岩体加固效应模型试验研究［J］.隧道建设（4）：1-6.

陈贞，邢笑雪，2015.粗糙集连续属性离散化的k均值方法［J］.辽宁工程技术大学学报（自然科学版），34（5）：642-646.

陈祖煜，汪小刚，1999.水电建设中的高边坡工程［J］.水力发电，10：53-56.

程良奎，2005.岩土锚固研究与新进展［J］.岩石力学与工程学报，24（21）：5-13.

程良奎，韩军，张培文，2008.岩土锚固工程的长期性能与安全评价［J］.岩石力学与工程学报，27（5）：865-872.

丁丽宏，2011.基于改进的灰关联分析和层次分析法的边坡稳定性研究［J］.岩土力学，32（11）：3437-3441.

董方庭，宋宏伟，郭志宏，1994.巷道围岩松动圈支护理论［J］.煤炭学报，19（1）：21-32.

葛修润，刘建武，1988. 加锚节理面抗剪性能研究［J］. 岩土工程学报，10（1）：8-19.

勾攀峰，侯朝炯，2000. 锚固岩体强度强化的实验研究［J］. 重庆大学学报（自然科学版），23（3）：35-39.

郭双枫，李宁，姚显春，等，2017. 层状岩质边坡稳定性影响因素及精度问题研究［J］. 地震工程学报，39（2）：362-368.

韩军，陈强，刘元坤，等，2005. 锚杆灌浆体与岩（土）体间的粘结强度［J］. 岩石力学与工程学报，24（19）：84-88.

郝立新，陈伟明，马宁，2014. 岩质边坡坡体结构分类及其工程意义［J］. 公路工程，39（3）：19-24.

侯朝炯，勾攀峰，2000. 巷道锚杆支护围岩强度强化机理研究［J］. 岩石力学与工程学报（3）：342-345.

胡新丽，2006. 三峡水库水位波动条件下滑坡抗滑工程效果的数值研究［J］. 岩土力学（12）：2234-2238.

胡新丽，POTTS D M，ZDRAVKOVIC L，等，2007. 三峡水库运行条件下金乐滑坡稳定性评价［J］. 地球科学（中国地质大学学报），32（3）：403-408.

黄建文，李建林，周宜红，2007. 基于AHP的模糊评判法在边坡稳定性评价中的应用［J］. 岩石力学与工程学报，26（S1）：2627-2632.

霍逸康，石振明，郑鸿超，等，2023. 软硬互层反倾岩质边坡稳定性影响因素分析及破坏模式研究［J］. 工程地质学报，31（5）：1680-1688.

贾明魁，2005. 锚杆支护煤巷冒顶成因分类新方法［J］. 煤炭学报，30（5）：26-28.

赖应得，崔兰秀，孙惠兰，1994. 能量支护学概论［J］. 山西煤炭（5）：17-23.

黎慧珊，王玉杰，孙兴松，等，2019. 无黏结预应力锚索运行健康状况分析与评价［J］. 岩石力学与工程学报，38（S1）：2913-2924.

李红旭，盛谦，张勇慧，2011. 山区公路边坡地质灾害数据库及统计分析 ［J］.防灾减灾工程学报，31（6）：675-681.

李宁，陈飞熊，赵彦辉，1997. 预应力群锚加固机理数值试验研究［J］.岩土 工程学报，19（5）：62-68.

李英勇，张思峰，2012. 岩土预应力锚固结构服役寿命研究［J］.岩土力学， 33（12）：3704-3708.

李志兵，马静冉，韩云春，等，2020. 潘三矿1632（3）轨道巷断锚事故分析 及防范措施［J］.陕西煤炭，39（3）：40-43.

梁德明，李长冬，雍睿，等，2014. 基于参数劣化的软硬相间顺层边坡稳定性 研究［J］.岩土力学，35（S1）：195-202

罗小勇，李政，2008. 无粘结预应力钢绞线锈蚀后力学性能研究［J］.铁道学 报，30（2）：108-112.

毛广志，程保民，2020. 基于数值模拟的路堑边坡楔形体破坏机理研究［J］. 路基工程，02：196-199.

宁奕冰，唐辉明，张勃成，等，2021. 澜沧江深层倾倒体演化过程及失稳机制 研究［J］.岩石力学与工程学报，40（11）：2199-2213.

邵轩，王会然，胡绍勇，等，2006. 对一起锚网巷道冒顶事故的处理及原因分 析［J］.煤矿开采，11（5）：66-67.

宋胜武，徐光黎，张世殊，2013. 论水电工程边坡分类［J］.工程地质学报， 20（1）：123-130.

宋胜武，严明，2011. 一种基于稳定性评价的岩体边坡坡体结构分类方法 ［J］.工程地质学报，19（10）：6-10.

孙学毅，2004. 边坡加固机理探讨［J］.岩石力学与工程学报，23（16）： 2818-2823.

孙玉科，姚宝魁，1983. 我国岩质边坡变形破坏的主要地质模式［J］.岩石力 学与工程学报，2（1）：67-76.

孙志勇，林健，王子越，等，2019. 大采高工作面锚杆支护巷道局部冒顶机理研究［J］. 煤炭科学技术，47（4）：78-82.

谈小龙，徐卫亚，梁桂兰，2019. 可拓方法在岩石边坡整体安全评价中的应用［J］. 岩石力学与工程学报，28（12）：2503-2509.

滕光亮，陈永明，石玉成，等，2013. 地震作用下节理岩质边坡稳定性影响因素研究［J］. 地震工程学报，35（1）：119-125.

王恭先，2005. 滑坡防治中的关键技术及其处理方法［J］. 岩石力学与工程学报，24（21）：3818-3827.

王明恕，何修仁，郑雨天，1983. 全长锚固锚杆的力学模型及其应用［J］. 金属矿山（4）：24-29.

王述红，王斐笠，高红岩，等，2016. 基于可拓理论的边坡地震稳定性评价方法研究［J］. 土木工程学报，49（S2）：132-137.

王思敬，杨志法，1987. 地下工程中岩体工程地质力学问题［J］. 岩石力学与工程学报，6（4）：301-308.

王新民，康虔，秦健春，等，2013. 层次分析法—可拓学模型在岩质边坡稳定性安全评价中的应用［J］. 中南大学学报（自然科学版），44（6）：2455-2462.

王宇，李晓，王梦瑶，等，2013. 反倾岩质边坡变形破坏的节理有限元模拟计算［J］. 岩石力学与工程学报，32（S2）：3945-3953.

吴德海，曾祥勇，邓安福，等，2003. 单锚锚杆加固碎裂结构岩体模型试验研究［J］. 地下空间，23（2）：158-161.

徐力，杨小平，刘荣桂，等，2002. 预应力结构设计使用寿命模型［J］. 江苏大学学报（自然科学版），23（1）：71-74.

闫忠梅，2017. 山区公路边坡崩塌的成因分析及处置措施［J］. 城市道桥与防洪，06：177-179.

杨启贵，大水，吴海斌，2007. 对我国岩土预应力锚索防腐措施和标准的探讨

〔J〕.岩土工程学报（10）：1558-1562.

杨涛，张忠平，马惠民，2007.多层复杂滑坡的稳定性分析与支护选择〔J〕.岩石力学与工程学报，26（S2）：4189-4194.

余浩，2020.含软弱夹层岩体边坡稳定性影响因素分析研究〔J〕.世界有色金属（22）：204-205.

余红发，孙伟，鄢良慧，等，2002.混凝土使用寿命预测方法的研究Ⅱ——模型验证与应用〔J〕.硅酸盐学报，30（6）：691-695.

余红发，孙伟，鄢良慧，等，2002.混凝土使用寿命预测方法的研究Ⅲ——混凝土使用寿命的影响因素及混凝土寿命评价〔J〕.硅酸盐学报，30（6）：696-701.

余红发，孙伟，鄢良慧，等，2002.混凝土使用寿命预测方法的研究I——理论模型〔J〕.硅酸盐学报，30（6）：686-690.

曾宪明，陈肇元，王靖涛，等，2004.锚固类结构安全性与耐久性问题探讨〔J〕.岩石力学与工程学报，23（13）：2235-2242.

张波，李术才，杨学英，等，2014.含交叉裂隙节理岩体锚固效应及破坏模式〔J〕.岩石力学与工程学报，33（5）：996-1003.

张乐文，汪稔，2002.岩土锚固理论研究之现状〔J〕.岩土力学，20（5）：627-631.

张思峰，宋修广，李艳梅，等，2011.边坡预应力单锚索耐久性分析及其失效特性研究〔J〕.公路交通科技，28（9）：22-29.

张小兵，2015.某滑坡防治工程失效原因分析与思考〔J〕.公路工程，40（6）：280-285.

张旭，周绍武，林鹏，等，2018.基于熵权–集对的边坡稳定性研究〔J〕.岩石力学与工程学报，37（S1）：3400-3410.

赵健，冀文政，曾宪明，等，2007.应力腐蚀对锚杆使用寿命影响的试验研究〔J〕.岩石力学与工程学报（S1）：3427-3431.

赵健，冀文政，肖玲，等，2006. 锚杆耐久性现场试验研究［J］. 岩石力学与工程学报，25（7）：1377-1385.

郑晓卿，刘建，卞康，等，2017. 鄂西北页岩饱水软化微观机制与力学特性研究［J］. 岩土力学，38（7）：2022-2028.

种照辉，李学华，鲁竞争，等，2017. 基于数字图像与数值计算的节理岩体锚固效应研究［J］. 岩土工程学报，39（7）：1225-1233.

周德培，钟卫，杨涛，2008. 基于坡体结构的岩体边坡稳定性分析［J］. 岩石力学与工程学报，27（4）：687-695.

朱杰兵，韩军，程良奎，等，2002. 三峡永久船闸预应力锚索加固对周边岩体力学性状影响的研究［J］. 岩石力学与工程学报，21（6）：853-857.

朱维申，任伟中，2001. 船闸边坡节理岩体锚固效应的模型试验研究［J］. 岩石力学与工程学报，20（5）：720-725.

邹德玉，2021. 降雨入渗条件下土体水力特性对边坡稳定性的影响分析［J］. 武汉理工大学学报，43（9）：33-36.

➡ 【中文专著类】

T. H. 汉纳，等，1987. 锚固技术在岩土工程中的应用［M］. 胡定，邱作中，刘浩吾，等，译. 北京：中国建筑工业出版社.

陈建宏，2013. 统计学基础［M］. 北京：北京理工大学出版社.

程良奎，范景伦，韩军，等，2003. 岩土锚固［M］. 北京：中国建筑工业出版社.

佴磊，徐燕，代树林，2010. 边坡工程［M］. 北京：科学出版社.

水利水电科学研究院，1991. 岩石力学参数手册［M］. 北京：中国水利水电出版社.

谭万沛，王成华，晋玉田，等，1994. 暴雨泥石流滑坡的区域预测与预报——以攀西地区为例［M］. 成都：四川科学技术出版社.

汪新宇，2007. 统计学［M］. 北京：中国经济出版社.

王恭先，马惠民，王红兵，2016. 大型复杂滑坡和高边坡变形破坏防治理论与实践［M］. 北京：人民交通出版社.

王恭先，徐峻岭，刘光代，等，2004. 滑坡学与滑坡防治技术［M］. 北京：中国铁道出版社.

王清标，2016. 预应力锚索锚固力损失机理及监测技术［M］. 北京：科学出版社.

张誉，蒋利学，张伟平，等，2003. 混凝土结构耐久性概论［M］. 上海：上海科学技术出版社.

赵长海，2001. 预应力锚固技术［M］. 北京：中国水利水电出版社.

➜ 【中文标准类】

国家能源局，2021. 水电工程边坡工程地质勘察规程：NB/T 10513—2021［S］. 北京：中国水利水电出版社.

中华人民共和国水利部，2007. 水利水电工程边坡设计规范：SL 386—2007［S］. 北京：中国水利水电出版社.

中华人民共和国水利部，2020. 水工预应力锚固技术规范：SL/T 212—2020［S］. 北京：中国水利水电出版社.

中华人民共和国住房与城市建设部，中华人民共和国国家质量监督检验检疫总局，2007. 预应力筋用锚具、夹具和连接器应用技术规程：GB/T 14370—2007［S］. 北京：中国标准出版社.

中华人民共和国住房与城市建设部，中华人民共和国国家质量监督检验检疫
　　总局，2016.水力发电工程地质勘察规范：GB 50287—2016［S］.北京：
　　中国标准出版社.

➡ 【中文论文类】

陈鹏宇，2015.岩质高边坡坡体结构特征分析与稳定性研究——以焦作市龙寺
　　矿山岩质高边坡为例［D］.武汉：中国地质大学.

程伟健，朱杰兵，王小伟，等，2021.岩土工程预应力锚固结构服役性能研究
　　综述［C］//中冶建筑研究总院有限公司.2021年工业建筑学术交流会论文
　　集（下册）.北京：工业建筑杂志社，559-564.

韩光，2017.露天矿顺层岩质高边坡稳定性及安全控制关键技术研究［D］.北
　　京：北京科技大学.

贺传仁，2013.岩质高边坡稳定性分析及综合治理的研究［D］.长沙：中南
　　大学.

黎慧珊，2017.预应力锚索腐蚀规律及耐久性研究［D］.邯郸：河北工程
　　大学.

李英勇，2008.岩土预应力锚固系统长期稳定性研究［D］.北京：北京交通
　　大学.

陆钰彬，2011.西南山区高速铁路路堑高陡边坡安全性评价体系研究及其应用
　　［D］.成都：西南交通大学.

戚国庆，2004.降雨诱发滑坡机理及其评价方法研究［D］.成都：成都理工
　　大学.

唐均，2011.预应力锚索长期耐久性研究［D］.昆明：昆明理工大学.

王金超，2013. 预应力锚固系统长期耐久性及其影响因素研究［D］. 北京：中国地质大学.

王云，2012. 高挖边坡稳定性与生态防护技术研究［D］. 西安：长安大学.

吴仁铣，2013. 降雨诱发的滑坡作用机制研究［D］. 长沙：中南大学.

夏宁，2005. 锈蚀锚固体的力学性能研究及耐久性评估初探［D］. 南京：河海大学.

肖海平，2019. 中小型露天矿边坡稳定性动态评价方法及应用［D］. 北京：中国矿业大学.

俞强山，2019. 运营期边坡锚固工程性状评价及补强加固方法研究［D］. 北京：中国铁道科学研究院.

张未林，2017. 疲劳荷载与腐蚀耦合作用下岩土预应力锚固结构长期耐久性研究［D］. 济南：山东建筑大学.

张忐亮，2008. 预应力锚索耐腐蚀性及失效研究［D］. 北京：中国地质大学.

钟卫，2009. 高地应力区复杂岩质边坡开挖稳定性研究［D］. 成都：西南交通大学.

朱虹宇，2008. 垫邻高速公路岩质高边坡稳定性与生态防护技术研究［D］. 西安：长安大学.

➜ 【外文文献】

AYDAN Ö, 2016. Large rock slope failures induced by recent earthquakes［J］. Rock Mechanics and Rock Engineering, 49(6): 2503-2524.

BAI X, ZHENG C, ZHANG M, et al., 2021. Bond mechanical properties of glass fiber reinforced polymer anti-floating anchor in concrete baseplate［J］.

Journal of Shanghai Jiaotong University (Science), 26: 804−812.

BASHA B M, GAUTHAM A, MOGHAL A A B, 2020. Reliability based optimum design of anchored rock slopes considering rock bolt and rock mass interaction [C] //Geo−Congress 2020: Geotechnical Earthquake Engineering and Special Topics. Reston, VA: American Society of Civil Engineers.

BEZUIJEN A, 2010. Compensation grouting in sand−Experiments [J]. Field Experiences and Mechanisms, (12): 3653−3662.

BOWA V M, XIA Y, 2019. Influence of counter−tilted failure surface angle on the stability of rock slopes subjected to block toppling failure mechanisms [J]. Bulletin of Engineering Geology and the Environment, 78(4): 2535−2550.

BRUCE H, GRAY P, FABJANCZYS M and CROSKY A, 1985. Premature rock bolt failure through stress corrosion cracking [C] //Proceedings 22nd international conference on ground control in mining. Morgantown, WV(USA). August 5−7, 218−225.

CAI J, JU N, HUANG R, et al., 2019. Mechanism of toppling and deformation in hard rock slope: a case of bank slope of Hydropower Station, Qinghai Province, China [J]. Journal of Mountain Science, 16(4): 924−934.

CHEN C, LI H, CHIU Y, et al., 2020. Dynamic response of a physical anti−dip rock slope model revealed by shaking table tests [J]. Engineering Geology, 277: 105772.

DENG Z, LIU X, LIU Y, et al., 2020. Cumulative damage evolution and failure modes of the bedding rock slope under frequent microseisms [J]. Arabian Journal of Geosciences, 13(10): 1−13.

DIVI S, CHANDRA D, DAEMEN J, 2011. Corrosion susceptibility of potential rock bolts in aerated multi−ionic simulated concentrated water [J]. Tunnelling and Underground Space Technology, 26(1): 124−129.

FREEMAN T J, 1978. The behavior of fully bonded rock bolts in the kielder experimental tunnel [J] . Tunnels and Tunnelling International, 10(5): 37–40.

GRASSELLI G, 2005. 3D Behaviour of bolted rock joints: experimental and numerical study [J] . International Journal of Rock Mechanics and Mining Sciences, 42(1): 13–24.

HAAS C J, 1976. Shear resistance of rock bolts [J] . Transactions of the AIME, 260(1): 32–41.

HU X, TANG H, LI C, et al., 2012. Stability of Huangtupo riverside slumping mass II# under water level fluctuation of Three Gorges Reservoir [J] . Journal of Earth Science, 23(3): 326–334

JIANG M, JIANG T, CROSTA G B, et al., 2015. Modeling failure of jointed rock slope with two main joint sets using a novel DEM bond contact model [J] . Engineering Geology, 193: 79–96.

JIANG S H, LI D Q, ZHANG L M, et al., 2014. Time–dependent system reliability of anchored rock slopes considering rock bolt corrosion effect [J] . Engineering Geology, 175: 1–8.

JUNGWIRTH D, 1995. Corrosion protection system for high–strength tendons in geotechnics [C] // A.A.Balkema. Anchors in theory and practice.

JURELL G, 1985. Investigation into the failure of a prestressed rock anchor [J] . International Water Power and Dam Construction, 37(2): 45–47.

KIM H J, KIM K H, KIM H M, et al., 2018. Anchorage mechanism and pullout resistance of rock bolt in water–bearing rocks [J] . Geomechanics and Engineering, 15(3): 841–849.

LANG T A, BISCHOFF J A, 1984. Stability of reinforced rock structure [C] //Design and Performance of Underground Excavations. London: British Geotechnical Society, 11–18.

LI C, ZHANG R, ZHU J, et al., 2020. Model test of the stability degradation of a prestressed anchored rock slope system in a corrosive environment [J]. Journal of Mountain Science, 17(10): 2548-2561.

LI G, NI C, PEI H, et al., 2013. Stress relaxation of grouted entirely large diameter B-GFRP soil nail [J]. China Ocean Engineering, 27(4): 495-508.

LI H B, LI X W, LI W Z, et al., 2019. Quantitative assessment for the rockfall hazard in a post-earthquake high rock slope using terrestrial laser scanning [J]. Engineering geology, 248: 1-13.

LI X, AZIZ N, MIRZAGHORBANALI A, et al., 2016. Behavior of fiber glass bolts, rock bolts and cable bolts in shear [J]. Rock Mechanics and Rock Engineering, 49(7): 2723-2735.

LIU G, LI J, KANG F, 2019. Failure mechanisms of toppling rock slopes using a three-dimensional discontinuous deformation analysis method [J]. Rock Mechanics and Rock Engineering, 52(10): 3825-3848.

LIU X, SHEN Y, ZHANG P, et al., 2021. Deformation characteristics of anti-dip rock slope controlled by discontinuities: A case study [J]. Bulletin of Engineering Geology and the Environment, 80(2): 905-915.

MAADDAWY T E, SOUDKI K, 2007. A model for prediction of time from corrosion initiation to corrosion cracking [J]. Cement and Concrete Composites, 29(3): 168-175.

NADIMI S, SHAHRIAR K, 2013. Experimental creep tests and prediction of long-term creep behavior of grouting material [J]. Arabian Journal of Geosciences, 7(8): 3251-3257.

NAGHADEHI M Z, JIMENEZ R, KHALOKAKAIE R, et al., 2011. A probabilistic systems methodology to analyze the importance of factors affecting the stability of rock slopes [J]. Engineering geology, 118(3-4): 82-92.

ORESTE P P, PELLA D, 1997. Modeiing progressive hardening of shotcrete in convergence-confinement approach to tunnel design [J] . Journal of Tunneling and Underground Space Technology, 12(3): 425-431.

PAN X H, SUN H Y, WU Z J, et al., 2017. Study of the failure mechanism and progressive failure process of intact rock patches of rock slope with weak surfaces [J] . Rock Mechanics and Rock Engineering,,50(4): 951-966.

PENG Y, TIMMS W, 2020. Hydrogeochemical modelling of corrosive environment contributing to premature failure of anchor bolts in underground coal mines [J] . Journal of Central South University, 27(5): 1599-1610..

RABCEWICZ L, 1973. Principles of dimensioning the support system for the New Austrian Tunneling Method [J] . Water Power, 25(3): 88-93.

RAHMAN M S, DIVI S, CHANDRA D, et al., 2008. Effect of different salts on the corrosion properties of friction type A607 steel rock bolt in simulated concentrated water [J] . Tunnelling and Underground Space Technology, 23(6): 665-673.

SEKINE I, YUASA M, TAKAOKA A, et al., 1997. Corrosion protective property of various covering materials of steels in soil (part 2): Evaluation after embedding in soil for 15 years [J] . Zairyo to Kankyo (Corrosion Engineering), 46(4): 251-255.

SPANG K, EGGER P, 1990. Action of fully-grouted bolts in jointed rock and factors of influence [J] . Rock Mechanics and Rock Engineering, 23(3): 201-229.

STEAD D, 2015. The influence of shales on slope instability [J] . Rock Mechanics and Rock Engineering, 49: 635-651.

SU H, JING H, ZHAO H, et al., 2017. Strength degradation and anchoring behavior of rock mass in the fault fracture zone [J] . Environmental Earth Sciences,

76(4): 179.

SUN S, SUN H, WANG Y, et al., 2014. Effect of the combination characteristics of rock structural plane on the stability of a rock-mass slope [J] . Bulletin of Engineering Geology and the Environment, 73(4): 987-995.

TAN C, 2016. Difference solution of passive bolts reinforcement around a circular opening in elastoplastic rock mass [J] . International Journal of Rock Mechanics and Mining Sciences, 81(3): 28-38.

TENG J, TANG J, ZHANG Y, et al., 2018. CT Experimental Study on the Damage Characteristics of Anchored Layered Rocks [J] . KSCE Journal of Civil Engineering, 22(9): 1-10.

WANG B, GUO X, JIN H, et al., 2019. Experimental study on degradation behaviors of rock bolt under the coupled effect of stress and corrosion [J] . Construction and Building Materials, 214: 37-48.

WANG Y, SUN X, REN A, 2019. Investigations of rock anchor corrosion and its influence factors by exhumations in four typical field sites [J] . Engineering Failure Analysis, 101: 357-382.

WU S, CHEN H, RAMANDI H L, et al., 2018. Investigation of cable bolts for stress corrosion cracking failure [J] . Construction and Building Materials, 187: 1224-1231.

WU X, JIANG Y, GONG B, et al., 2019. Shear performance of rock joint reinforced by fully encapsulated rock bolt under cyclic loading condition [J] . Rock Mechanics and Rock Engineering, 52(8): 2681-2690 .

XIA P, HU X, WU S, et al., 2020. Slope Stability Analysis Based on Group Decision Theory and Fuzzy Comprehensive Evaluation [J] . Journal of Earth Science, 31(6): 1121-1132.

XIA P, HU X, YING C, et al., 2024. Study on Shear Strength Characteristics of

Basalt-Concrete Bonding Interface Based on in-situ Direct Shear Test［J］. Journal of Earth Science, 35(2): 553-567.

YILMAZ A, REBAK R B, CHANDRA D, 2005. Corrosion behavior of carbon steel rock bolt in simulated Yucca Mountain ground waters［J］. Metallurgical and materials transactions A, 36(5): 1097-1105..

YOSHINAKA R, SAKAGUCHI S, SHIMIZU T, et al., 1987. Experimental study on the rock bolt reinforcement in discontinuous rocks［C］. 6th ISRM Congress. International Society for Rock Mechanics and Rock Engineering.

ZHAO Z, GAO X, TAN Y, et al., 2018. Theoretical and numerical study on reinforcing effect of rock-bolt through composite soft rock-mass［J］. Journal of Central South University, 25(10): 2512-2522.

ZHENG Y, CHEN C, LIU T, et al., 2019. Stability analysis of anti-dip bedding rock slopes locally reinforced by rock bolts［J］. Engineering Geology, 251: 228-240.

ZHENG Y, CHEN C, LIU T, et al., 2019. Theoretical and numerical study on the block-flexure toppling failure of rock slopes［J］. Engineering Geology, 263: 105309.

ZHOU X, CHEN J, 2019. Extended finite element simulation of step-path brittle failure in rock slopes with non-persistent en-echelon joints［J］. Engineering Geology, 250: 65-88.

ZHU J, WANG X, LI C, et al., 2019. Corrosion damage behavior of prestressed rock bolts under aggressive environment［J］. KSCE Journal of Civil Engineering, 23(7): 3135-3145.